쉽게 배우고
생활에 바로 쓰는

나만의 블로그 만들기

㈜지아이에듀테크 저

iCox
Education by Sympathy

쉽게 배우고 생활에 바로 쓰는
나만의 블로그 만들기

초판 1쇄 발행	2022년 4월 28일
초판 2쇄 발행	2023년 3월 23일

지은이	㈜지아이에듀테크
펴낸이	한준희
펴낸곳	㈜아이콕스

기획/편집	아이콕스 기획팀
디자인	김보라
영업	김남권, 조용훈, 문성빈
영업지원	김효선, 이정민

iCox
Education by Sympathy

주소	경기도 부천시 조마루로385번길 122 삼보테크노타워 2002호
홈페이지	www.icoxpublish.com
쇼핑몰	www.baek2.kr (백두도서쇼핑몰)
이메일	icoxpub@naver.com
전화	032-674-5685
팩스	032-676-5685
등록	2015년 7월 9일 제 386-251002015000034호
ISBN	979-11-6426-207-6 (13000)

※ 정가는 뒤표지에 있습니다.

※ 잘못된 책은 구입하신 서점에서 교환해드립니다.

30년째 컴퓨터를 교육면서도 늘 고민합니다. "더 간단하고 쉽게 교육할 수는 없을까? 더 빠르게 마음대로 사용하게 할 수는 없을까?" 스마트폰에 대한 지식이 없는 4살 먹은 어린아이가 스마트폰을 가지고 놀면서 스스로 사용법을 익히는 것을 보고 어른들은 감탄합니다.

그렇습니다. 컴퓨터는 학문적으로 접근하면 배우기 힘들기 때문에 아이들처럼 직접 사용해 보면서 경험적으로 습득하는 것이 가장 빠른 배움의 방식입니다. 본 도서는 저의 다년간 현장 교육의 경험을 살려 책만 보고 무작정 따라하다 발생할 수 있는 실수와 오류를 바로잡았습니다. 컴퓨터를 활용하는 데 꼭필요한 핵심 내용을 중심으로 집필했기 때문에 예제를 반복해서 학습하다 보면 어느새 원리를 이해하고, 활용할 수 있는 단계에 오르게 될 것입니다.

쉽게 배우고 생활에 바로 쓸 수 있게 집필된 본 도서로 여러분들의 능력이 향상되기를 바랍니다. 물론 본 도서는 여러분의 컴퓨터 능력을 향상시킬 수 있는 수많은 방법 중 한 가지라는 말씀도 드리고 싶습니다.

교육 현장에서 늘 하는 말이 있습니다.
"컴퓨터는 종이다. 종이는 기록하기 위함이다."
"단순하게, 무식하게, 지겹도록, 단.무.지.반! 하십시오."
처음부터 완벽하지는 않겠지만 차근차근 익히다 보면 어느새 만족할 만한 수준의 사용자로 우뚝 서게 될 것입니다.

끝으로 이 책이 나올 수 있도록 도움을 주신 지아이에듀테크, ㈜아이콕스의임직원 여러분들께 감사의 마음을 전합니다.

㈜지아이에듀테크

★ 각 CHAPTER 마다 동영상으로 더 쉽게 학습할 수 있도록 QR 코드를 담았습니다.
QR 코드로 학습 동영상을 시청하는 방법은 다음과 같습니다.

01 Play스토어에서 네이버 앱을 ❶설치한 후 ❷열기를 누릅니다.

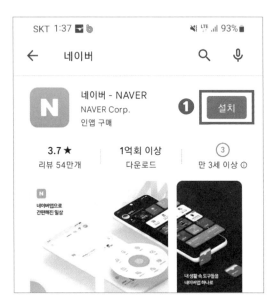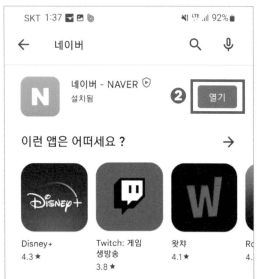

02 네이버 앱이 실행되면 하단의 ❸동그라미 버튼을 누른 후 ❹렌즈 메뉴를
선택합니다.

03 본 도서에서는 Chapter별로 상단 제목 오른쪽에 ❺QR 코드가 있습니다. 스마트폰의 화면에 QR 코드를 사각형 영역에 맞춰 보이도록 하면 QR 코드가 인식되고, 상단에 동영상 강의 링크 주소가 나타납니다. ❻동영상 강의 링크 주소를 눌러 스마트폰으로 학습할 수 있습니다.

유튜브에서 동영상 강의 찾기

유튜브(www.youtube.com)에 접속하거나, 유튜브 앱을 사용하고 있다면 **지아이에듀테크**를 검색하여 동영상 강의를 들을 수 있습니다. **재생목록** 탭을 누르면 과목별로 강의를 찾아볼 수 있습니다.

목 차

블로그 시작하기

타이틀과 글쓰기

미디어와 지도 올리기

목 차

Chapter 01

블로그 시작하기

블로그란 웹(weB)과 로그(LOGue)의 합성어로 자기 생각이나 느낌을 일기 형식으로 작성하여 많은 사람에게 공유할 수 있도록 열어놓은 공간을 말합니다. 현재 블로그의 수가 무려 1800만개가 넘는다고 하는데, 유튜브 동영상 시장이 커지면서 활자 정보에 대한 수요가 적어진다는 우려도 많았었지만 아직까지도 건재한 것을 보면 앞으로도 글자 정보에 대한 수요는 계속 있을 듯합니다.

 무엇을 배울까?

01. 웨일 브라우저 설치하기

02. 블로그 쉽게 만들기

03. 블로그 기본 정보 변경하기

04. 블로그 프로필 사진 등록하기

01 엣지 브라우저를 실행한 후 네이버로 이동해서 "웨일브라우저"를 검색합니다.

02 웨일 다운로드를 클릭하면 되는데, 화면은 상황에 따라 변할 수 있으므로 웨일 다운로드를 찾아서 클릭합니다.

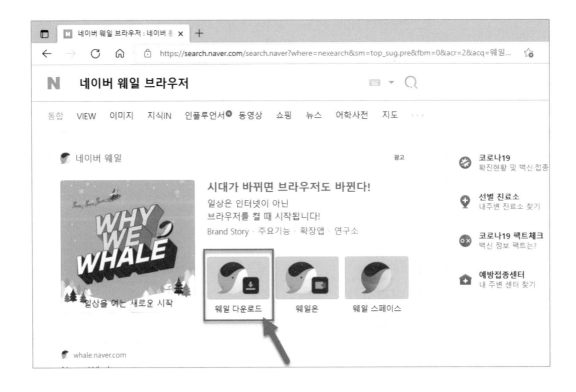

03 아래 설명창이 나오는데 윈도우7 이상에서 사용 가능하므로 윈도우10, 윈도우11에서 사용할 수 있습니다. **다운로드**를 클릭합니다.

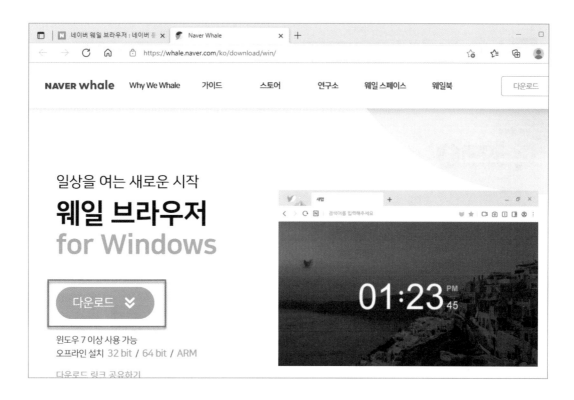

04 다운로드가 완료되면 엣지 브라우저 **창을 닫아줍니다**. 다운로드 완료 목록창에서 설치할 수도 있으나 파일 탐색기에서 설치할 예정입니다.

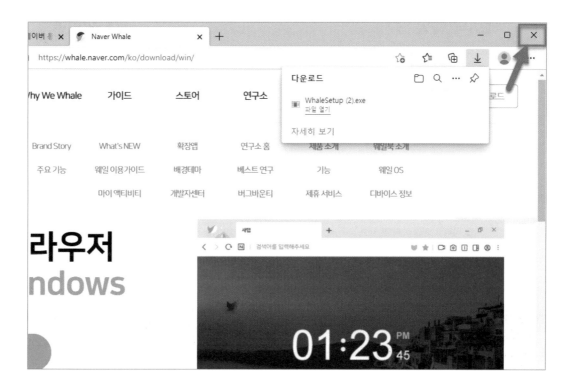

05 파일 탐색기를 실행한 후 왼쪽 탐색 창에서 ❶다운로드를 클릭한 후
❷WhaleSetup 아이콘을 더블클릭합니다.

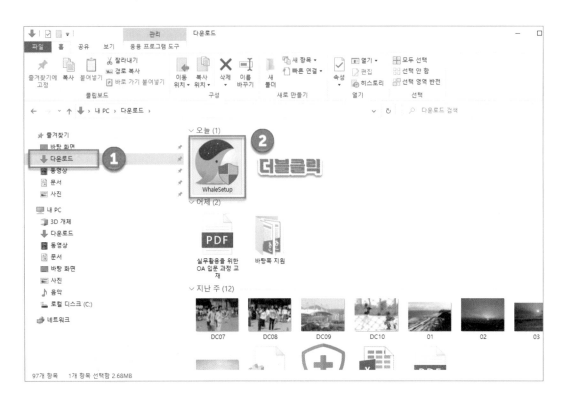

06 사용자 계정 컨트롤이 나오면 **예**를 눌러야 아래와 같은 화면이 진행됩니다. 사
용 통계 및 오류 보고서의 **체크를 해제**한 후 **동의 및 설치**를 클릭합니다.

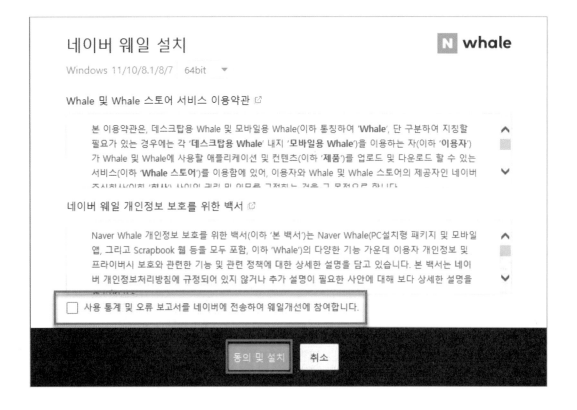

07 브라우저를 다운로드하고 설치를 진행하는 과정이 나옵니다. 설치가 완료되면 다음 과정으로 바로 진행됩니다.

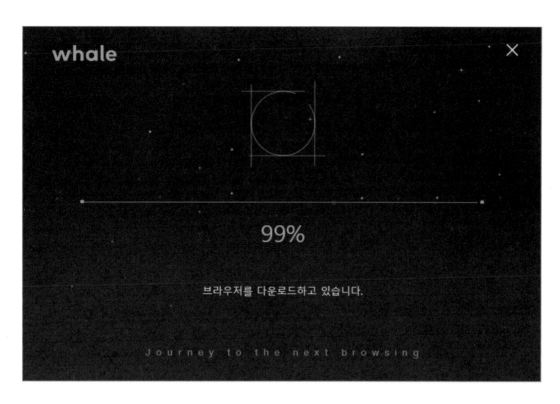

08 웨일 브라우저가 설치가 끝나면 **로그인 없이 시작**을 클릭합니다. 그러면 즐겨찾기/북마크 가져오기 화면이 나옵니다.

09 오른쪽 하단의 **건너뛰기**를 클릭해서 불필요한 화면진행 과정을 보이지 않도록 합니다. 스킨 컬러 선택하기 화면도 **건너뛰기**를 클릭합니다.

10 새 탭 선택하기 화면에서 오른쪽에 있는 ❶네이버를 선택한 후 ❷완료 버튼을 클릭합니다. 이 화면은 업데이트 결과에 따라 나오지 않을 수도 있습니다.

11 화면 버튼과 사이드바의 역할을 설명하는 화면이 나오면, 오른쪽 상단의 **창 닫기**를 클릭합니다.

12 이제 웨일 브라우저에 네이버가 열리게 되었으면, 브라우저의 창의 ❶**닫기**를 클릭한 후 ❷**모두 닫기**를 클릭해서 브라우저를 닫은 후 다시 웨일 브라우저를 열어주세요.

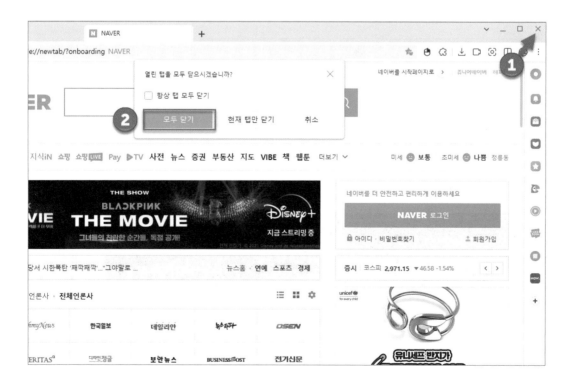

01-2 ··· 네이버 블로그 만들기

01 웨일 브라우저를 실행한 후 네이버에 **로그인**합니다. 참고 사항으로 네이버는 1대의 휴대전화에 3개의 아이디를 가입할 수 있으므로 블로그도 3개를 만들 수 있습니다.

02 네이버 블로그를 검색상자에 입력한 후 이동해도 되지만, 내비게이션 바에서 **블로그**를 선택해서 이동하도록 합니다.

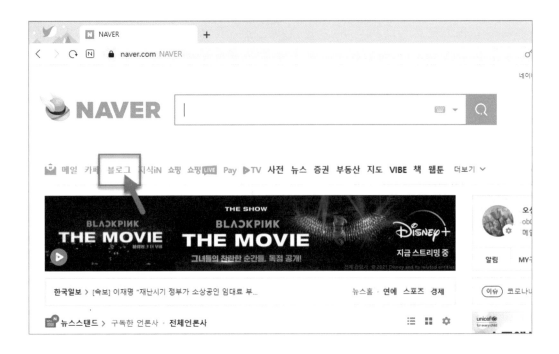

03 내 블로그에 직접 가서 블로그의 세부적인 디자인을 하나씩 만들 수 있지만 지금은 **블로그 쉽게 만들기**를 클릭해서 만들어 보도록 합니다.

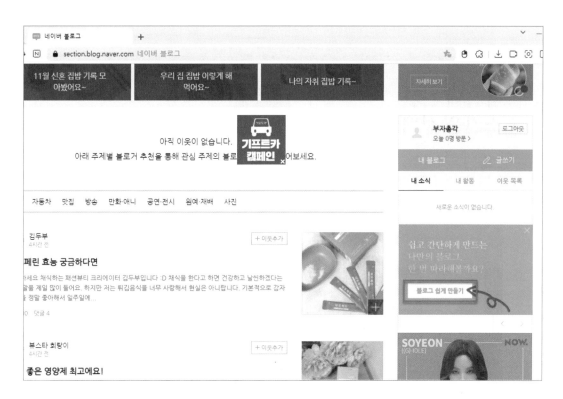

04 아래와 같이 쉽고 간단하게 만드는 나만의 블로그 화면이 나오면 **시작하기**를 클릭합니다.

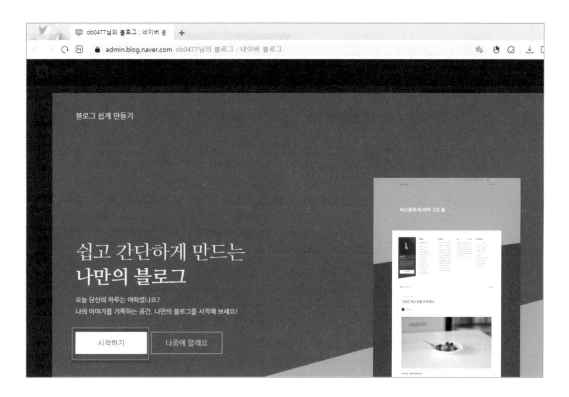

05 마음에 드는 스킨을 선택하면 되는데 여기서는 첫 번째에 마우스를 올려놓은 후 **이 스킨 사용하기**를 클릭합니다. 나중에 다시 변경할 수 있으므로 일단 클릭합니다.

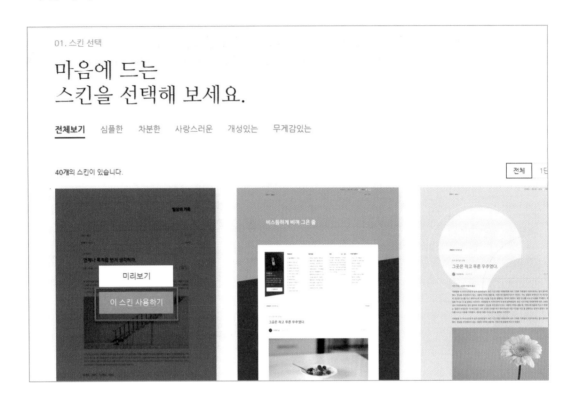

06 별명을 입력하는 칸에 여러분의 **이름이나 별명**을 입력하고, **블로그명**은 운영하려는 취지에 맞는 내용의 이름을 입력하는데 나중에 다시 변경할 수 있습니다.

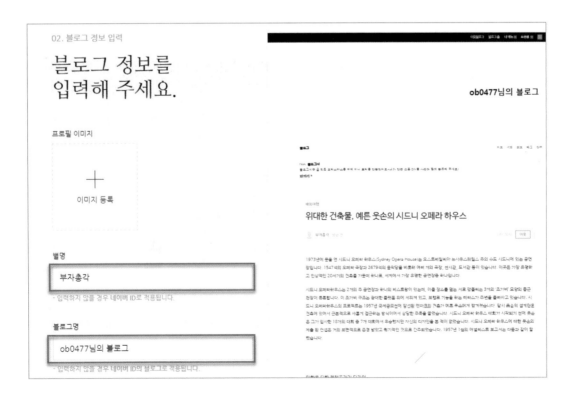

07 별명과 블로그명을 입력한 후 화면을 아래로 이동한 다음 오른쪽 하단에 있는
완성하기 버튼을 클릭합니다.

08 일단 블로그가 완성이 되었으므로, **내 블로그 가기**를 클릭해서 본인의 블로그
를 확인해 봅니다.

01 블로그 쉽게 만들기 기능을 이용해 내 블로그를 빠르게 만들었지만 스킨이 마음에 들지 않아서 변경하고 싶을 때는 ❶**내 메뉴**를 클릭한 후 ❷**스킨 변경**을 클릭합니다.

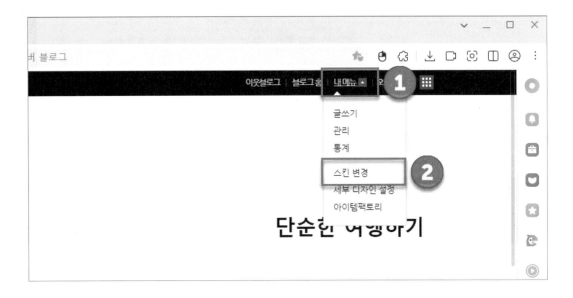

02 스킨 선택 화면이 나오면 적용할 스킨을 선택한 후 화면 아래로 이동하면 스킨 적용이 있습니다. 여기서는 **가을 숲**을 선택한 후 **스킨 적용**을 클릭합니다.

03 스킨을 적용되었다는 대화상자가 나오면 **확인**을 클릭해서 내 블로그에 적용된 것을 확인합니다.

04 선택한 스킨이 마음에 들면 그대로 사용하면 되지만, 다시 한 번 스킨을 변경해 보세요. 스킨 선택화면에서 2번째에 있는 와이드를 선택해서 적용해 줍니다.

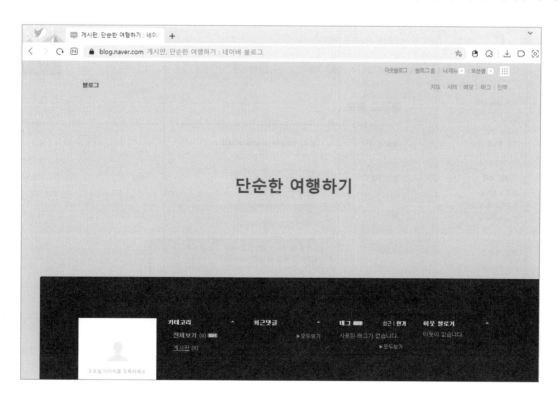

01-4 ··· 블로그 정보 변경하기

01 별명과 블로그 이름을 잘못 정했을 때 변경하기 위한 작업입니다. ❶내 메뉴를 클릭해서 ❷관리를 클릭합니다.

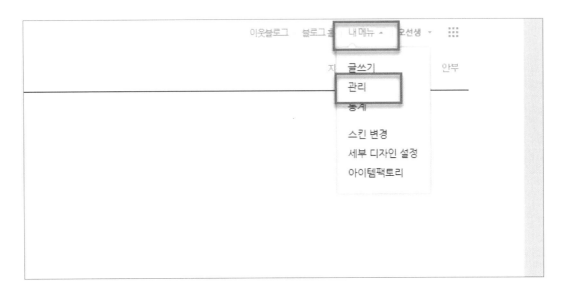

02 블로그명과 별명을 취지에 맞게 고치면 됩니다. 그대로 사용하려면 변경하지 않아도 되며, 소개글은 입력해 주는 것이 좋은데 블로그의 취지를 알 수 있도록 입력합니다.

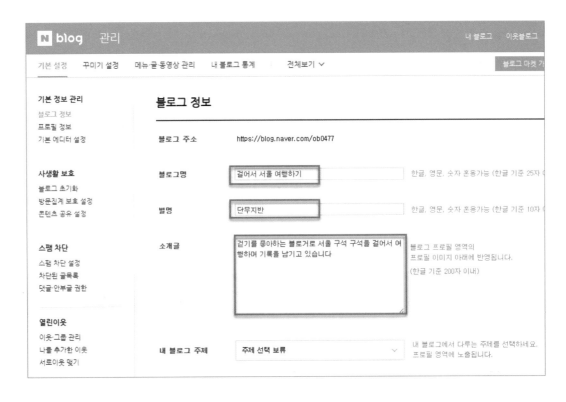

03 내 블로그 주제의 드롭다운 버튼을 클릭해서 해당하는 블로그의 취지에 맞는 항목을 선택합니다. 여기서는 **국내여행**을 선택해 보도록 하겠습니다.

04 블로그 기본 정보의 변경이 끝났으므로 화면 하단에 있는 ❶**확인**을 클릭한 후 성공적으로 반영되었다는 대화상자에서 다시 ❷**확인**을 클릭합니다.

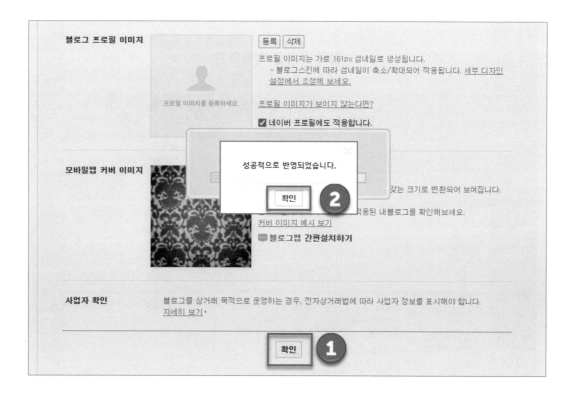

05 화면 상단에 내 블로그를 클릭해서 적용된 것을 확인하면 되지만 지금은 변화된 것이 없어 보일 것입니다. 스킨에 따라 변경된 것을 확실하게 볼 수 있는데, 스킨을 화이트 라벨로 변경합니다.

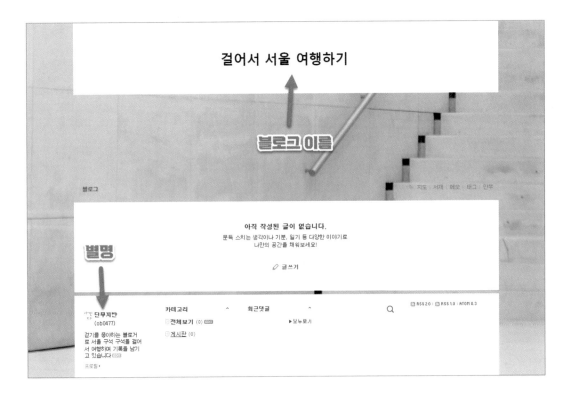

06 블로그 이름과 별명이 변경된 것을 확인할 수 있습니다. 스킨은 지금 현재 상태 그대로 화이트 라벨로 유지합니다.

01 웨일 브라우저의 주소입력란에 **구글**을 입력한 후 **사이트 곧장가기**를 클릭합니다.

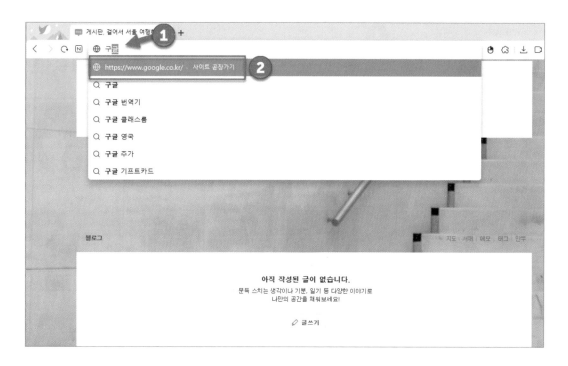

02 여러분이 좋아하는 가수나 배우의 이름을 입력한 후 Enter 를 눌러서 검색을 합니다.

03 검색된 결과에서 상단에 ❶이미지를 클릭한 후 프로필로 사용할 ❷사진을 클릭합니다.

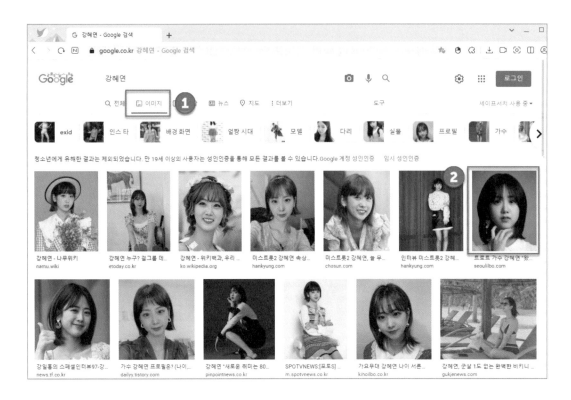

04 오른쪽 창으로 큰 이미지가 나오면, ❸마우스 오른쪽 버튼을 클릭한 후 ❹이미지를 다른 이름으로 저장을 클릭합니다. 마음에 드는 사진을 왼쪽에서 클릭해서 원하는 사진을 골라주세요.

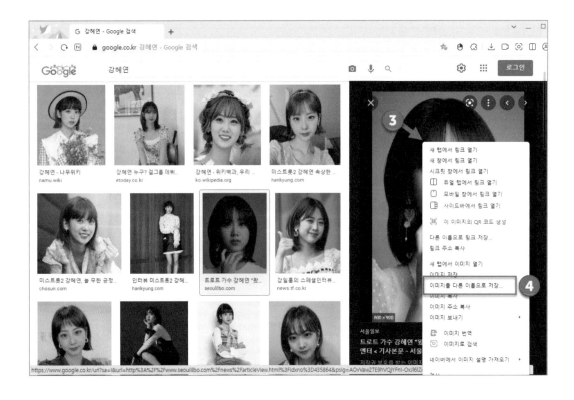

05 사진(이미지)를 저장할 위치는 ❺**사진** 라이브러리를 선택한 후 ❻**파일이름**을 입력한 후 ❼**저장**을 클릭합니다.

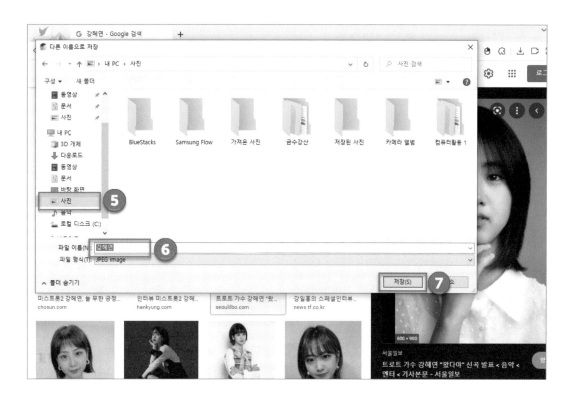

06 웨일 브라우저의 주소입력란 왼쪽에 있는 ⓝ(네이버 홈) 버튼을 클릭한 후 네이버 첫 화면이 나오면 **블로그**를 클릭해서 **내 블로그로 이동**을 합니다.

07 프로필 이미지를 변경하기 위해 블로그 상단에 있는 ❶내 메뉴를 클릭한 후 ❷관리를 클릭합니다.

08 블로그 프로필 이미지에 ❸등록 버튼을 클릭하면 이미지 첨부할 수 있는 대화 상자가 나옵니다. ❹찾아보기를 클릭해서 다운로드한 사진을 첨부합니다.

09 저장한 이미지가 있는 ❺**사진** 라이브러리를 클릭한 후 ❻**다운로드한 이미지**를 클릭한 후 ❼**열기**를 클릭합니다. 여기서 이미지(사진)을 저장한 폴더는 다를 수 있는데, **사진** 라이브러리에 없다면 **다운로드** 라이브러리에 있습니다.

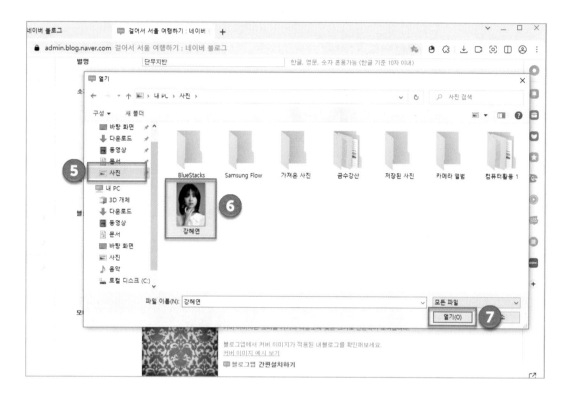

10 다시 이미지 첨부 대화상자가 나오는데 찾아보기 왼쪽에 이미지의 주소와 파일명이 표시가 됩니다. **확인**을 클릭해서 마무리합니다.

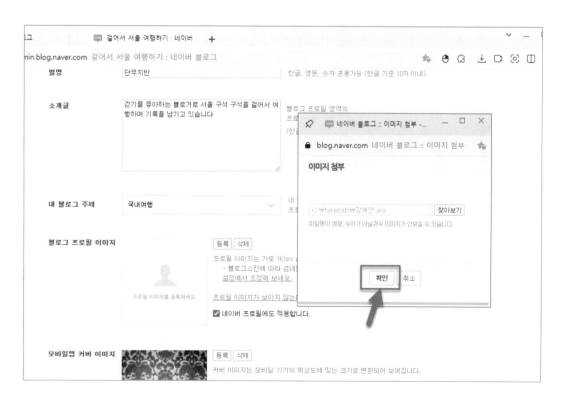

11 블로그 기본 정보 화면에서 가장 하단에 있는 마무리할 수 있는 **확인** 버튼을 클릭한 후 성공적으로 반영되었다는 **확인** 버튼을 클릭합니다.

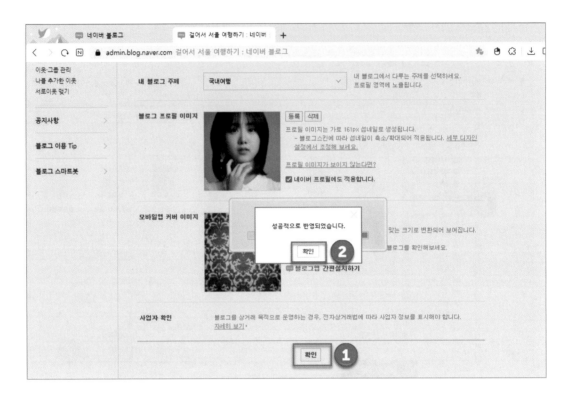

12 블로그 프로필이 변경된 것을 확인할 수 있는데, 네이버 홈으로 이동한 후 로그인 된 곳을 보면 네이버 프로필도 변경된 것을 확인할 수 있습니다.

혼자 해 보기

1 내 블로그 스킨을 5페이지에 있는 **기본 스킨**으로 설정해 보세요.

2 앞에서 작업했던 **프로필 사진**을 제거해 보세요.

❸ 프로필 사진을 클릭해서 **프로필 사진을 등록해** 보세요. 내 블로그에서 프로필 적용하는 방법은 여러 가지로 작업할 수 있습니다.

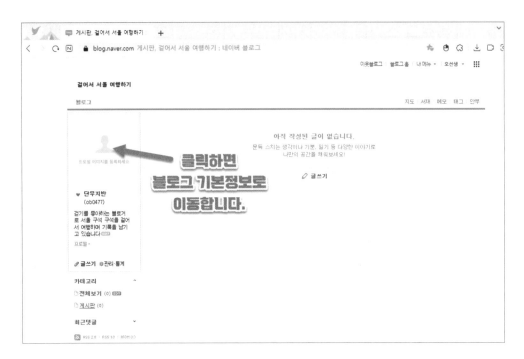

❹ 네이버 시작 페이지에서 **프로필 설정을** 클릭해서 열어보세요. 블로그와는 별도로 네이버 별명을 변경할 수 있으며, 캐릭터도 만들 수 있습니다.

타이틀과 글쓰기

네이버 블로그는 운영자가 디자인을 직접 변경할 수 있도록 디자인 환경을 제공하고 있습니다. 블로그 타이틀을 꾸미고 블로그에 글쓰기와 복사/붙여넣기를 알아보도록 하겠습니다.

무엇을 배울까?

01. 타이틀 변경하기

02. 블로그에 글쓰기

03. 블로그에 텍스트/사진을 복사하고 붙여넣기

02-1 ··· 타이틀 변경하기

01 먼저 내 블로그로 이동한 후 화면의 상단에 **내 메뉴 - 세부 디자인 설정**을 클릭합니다.

02 오른쪽 상단에 보이는 리모콘 상자에서 **❶타이틀**을 클릭한 후 **❷적용할 스타일**을 클릭합니다.

03 블로그의 제목 크기를 타이틀 이미지에 크게 보이도록 하기 위해 드롭다운 버튼을 눌러서 **40**으로 설정합니다.

04 타이틀에 사용되는 블로그 제목의 위치를 가로와 세로를 **가운데로 지정**해 줍니다.

05 블로그 제목 글자색을 바꾸기 위해 ❶색상 버튼을 클릭한 후 ❷흰색을 선택합니다. 색상판을 사라지게 하기 위해서 다시 한번 ❶색상 버튼을 클릭합니다.

06 타이틀의 높이를 적당하게 "150"으로 설정해 봅니다.

07 리모콘의 하단에 있는 ❶적용을 클릭한 후 세부 디자인 적용할 것인지 묻는 대화상자에서 ❷적용을 클릭합니다.

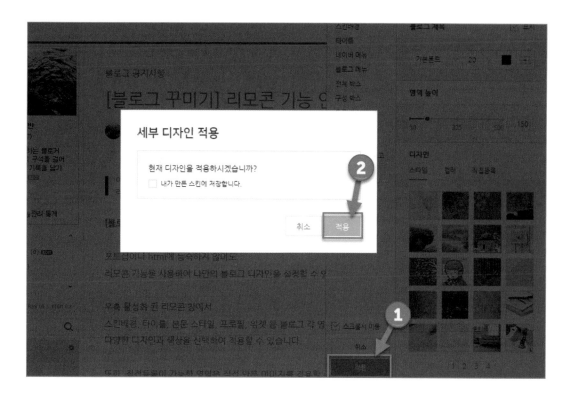

08 타이틀에 블로그 제목이 적용된 것을 확인할 수 있습니다.

02-2 ··· 블로그에 글 쓰기

01 블로그에 글을 쓰는 것을 '포스팅(Posting)한다'라고 합니다. 프로필 아래의
글쓰기를 클릭합니다.

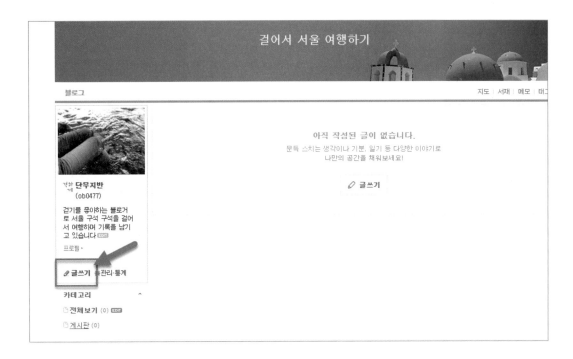

02 제목에 클릭해서 "글쓰기 연습"을 입력한 후 본문에 클릭한 후 기록할 만한 내
용을 입력합니다.

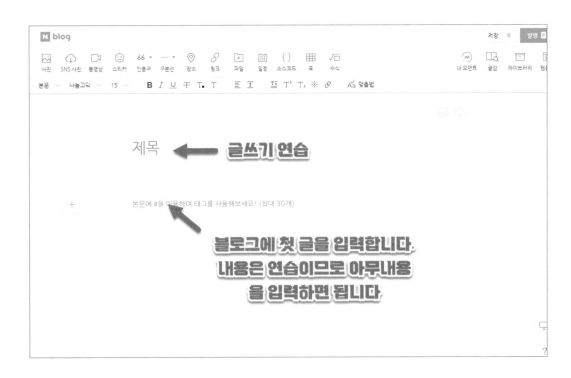

03 ❶제목과 ❷본문을 입력한 후 오른쪽 상단에 위치한 ❸발행을 클릭한 후 발행 창이 열리면 ❹발행을 클릭합니다.

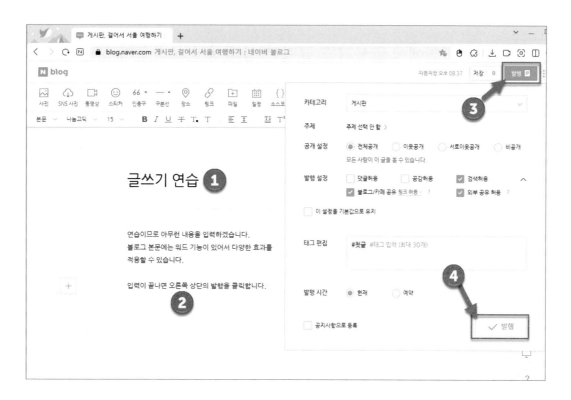

04 카테고리의 게시판에 새롭게 1개의 게시글이 등록되었다고 표시가 되었습니다.

01 내 블로그 화면에서 **글쓰기**를 클릭한 상태에서 브라우저 상단의 **＋(새 탭)**을 클릭합니다.

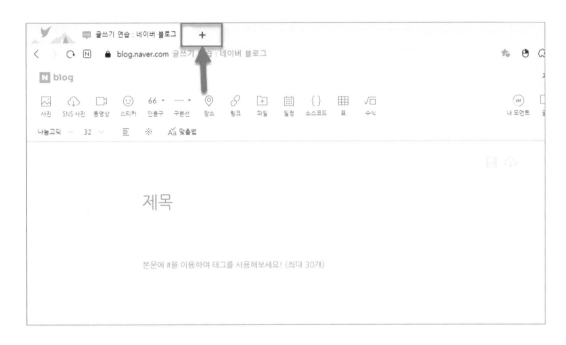

02 네이버 홈 화면이 나오면 내비게이션에서 **사전**을 클릭합니다. 여기서는 글쓰기 연습을 하기 위해서 사전을 선택한 것입니다.

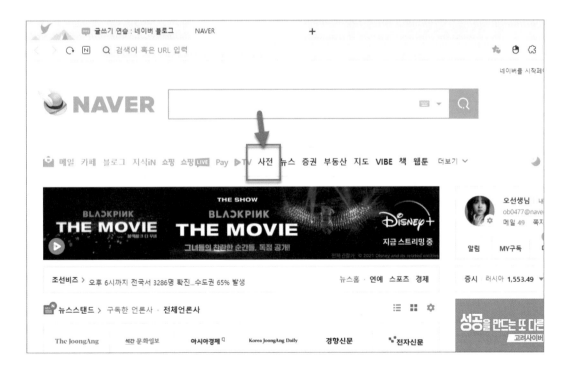

03 어학사전 입력상자에 "**메타버스**"를 입력한 후 Enter 를 누르거나 Q(검색)를 클릭합니다.

04 메타버스에 대한 내용이 나오면 아래처럼 ❶블록을 지정한 후 마우스 오른쪽을 클릭해서 ❷복사를 선택합니다.

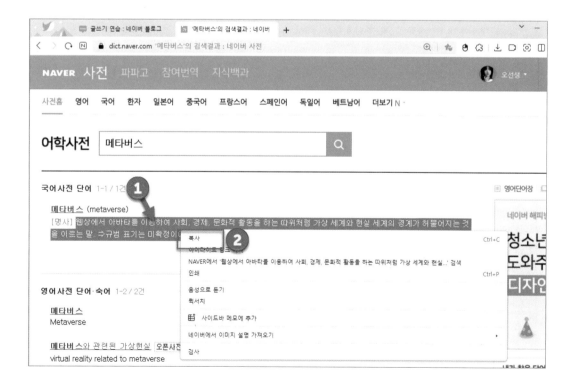

05 브라우저의 상단에 **네이버 블로그 탭**을 선택해서 글쓰기 상태로 이동합니다.

06 내 블로그의 본문에 클릭한 후 ❶마우스 오른쪽을 클릭해서 ❷붙여넣기를 선택합니다.

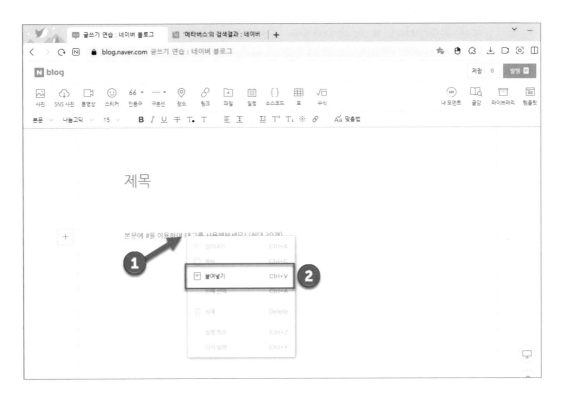

07 본문에 복사한 내용이 붙여넣기가 되었으면 제목을 클릭해서 **"메타버스란"**을 입력합니다.

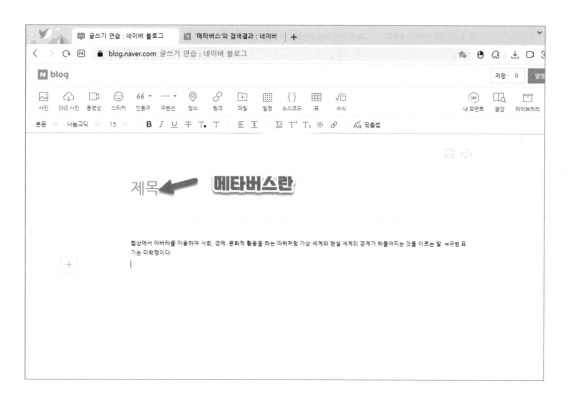

08 이번에는 그림을 복사하기 위한 작업으로 **상단의 탭**을 클릭해줍니다. 내 블로그 탭과 검색 탭 이렇게 두 개가 있어야 편리합니다.

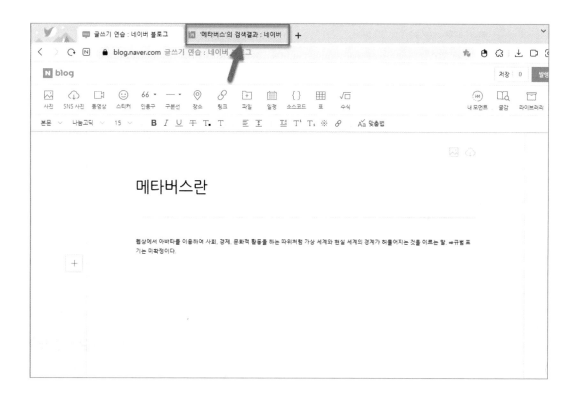

09 웹 페이지의 왼쪽 상단에 NAVER 로고를 클릭해서 네이버 홈 화면으로 이동합니다.

10 검색 상자에 "메타버스"를 입력한 후 🔍(검색) 버튼을 클릭하거나 Enter 를 누릅니다.

11 검색 결과에서 상단에 **이미지**를 클릭해서 이미지(사진)만 보이도록 합니다.

12 복사하려는 ❶사진에 마우스 오른쪽을 클릭한 후 ❷이미지 복사를 클릭합니다.

13 내 블로그에 해당하는 ❶탭을 클릭한 후 본문의 붙여넣을 곳을 클릭해 이동한 다음 ❷마우스 오른쪽 단추를 클릭해서 ❸붙여넣기를 선택합니다.

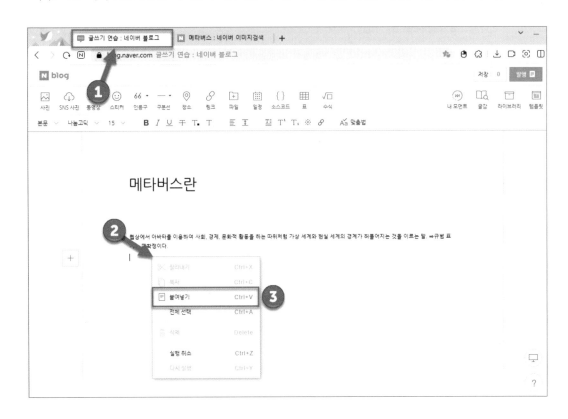

14 블로그 화면의 오른쪽 상단에 ❶발행을 클릭한 후 나타나는 발행 대화상자에서 ❷발행을 클릭해서 포스팅을 마무리 합니다.

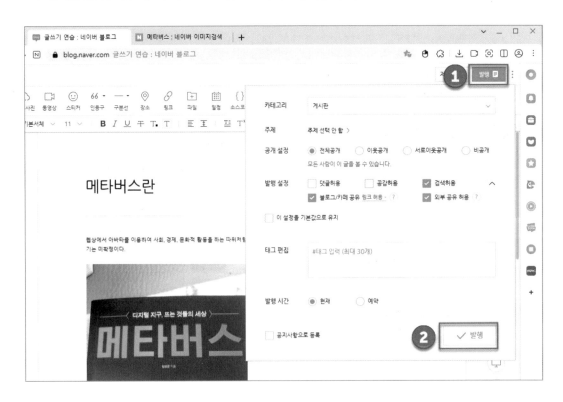

❶ 네이버 뉴스에서 손흥민을 검색한 후 내 블로그에 포스팅해 보세요.

❷ 내 블로그 타이틀을 아래처럼 변경해 보세요. 영역 높이는 300, 글자색은 파란색, 위치는 왼쪽으로 정합니다.

미디어와 지도 올리기

네이버 블로그에 내 컴퓨터에 저장 되어있는 사진, 동영상, 지도를 올리는 방법을 알아보도록 하겠으며, 유튜브 영상 링크 가져오기를 포스팅해 보겠습니다.

무엇을 배울까?

01. 사진 포스팅과 동영상을
다운로드한 후 올리기

02. 맛집과 멋집 지도로 위치 표시하기

03. 유튜브 링크 가져오기

☑ 미리 준비할 사항

아이콕스 출판사의 도서부록소스 **54번**에 있는 컴퓨터활용_실습 파일의 압축파일을
사진 라이브러리에 풀어주세요.

www.icoxpublish.com ⇨ **자료실** ⇨ **도서부록소스**

01 웨일 브라우저를 실행한 후, 내 블로그로 이동한 다음 **글쓰기**를 클릭합니다.

02 제목에 **"추억속 사진"**을 입력하고, 본문에는 적당한 내용을 입력하도록 합니다.

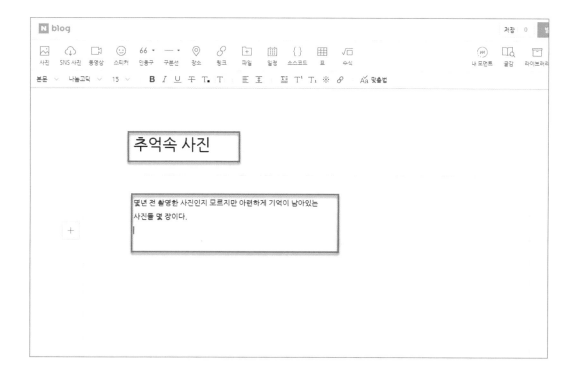

03 에디터 상단의 도구모음에서 **❶사진**을 클릭한 후 **❷3장의 사진**을 Ctrl+클릭으로 선택한 후 **❸열기**를 누릅니다.

04 사진 첨부 방식 대화상자가 나오면 **개별사진**을 선택합니다. 각 사진이 개별적으로 업로드가 됩니다.

05 오른쪽 창에 라이브러리가 나오는데 **대표이미지**를 어느 것으로 할 것인지 정합니다. 나중에 블로그를 검색해서 나올 때 대표이미지가 표시될 것입니다.

06 오른쪽 상단 ❶**발행**을 클릭한 후 하단의 ❷**발행**을 클릭합니다.

01 내용을 수정하거나 사진을 교체(삭제)를 위한 작업은 ❶더보기(옵션)를 클릭한 후 ❷수정하기를 클릭합니다.

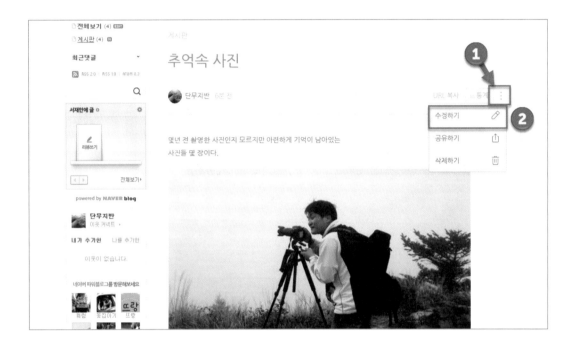

02 ❶본문의 내용에서 수정할 내용이 있으면 수정하고, ❷사진을 클릭하면 사진의 도구가 바로 위에 나옵니다. ❸🗑️삭제를 눌러줍니다.

03 사진을 제거한 후 본문의 끝에 클릭한 후 Enter 를 눌러서 다른 사진이 들어갈 수 있는 **빈 줄**을 만들어 줍니다. 사진이 들어갈 곳으로 커서를 위치시킨 후 사진을 추가하면 됩니다.

04 사진을 제거하고 새로운 사진으로 교체하기 위해서 도구모음에서 ❶**사진을** 클릭한 후 ❷**추가할 사진을 클릭**한 후 ❸**열기**를 클릭하면 커서가 있는 위치에 선택한 사진이 추가됩니다.

05 포스팅 수정을 끝내기 위해 블로그 오른쪽 상단의 ❶발행을 클릭한 후 대화상자의 하단에서 ❷발행을 클릭합니다.

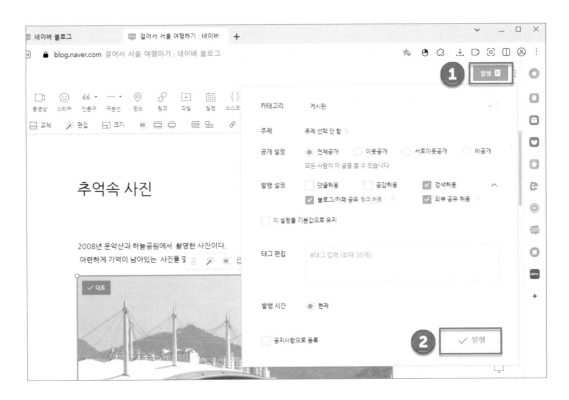

06 블로그의 내용이 수정되었으며, 좌측에 게시판에 숫자가 보이는데, 게시된 내용의 숫자를 의미합니다. 편집을 할 때는 이전 숫자와 동일하고, 추가되면 숫자가 증가됩니다.

01 네이버에 로그인이 되어 있는 상태의 네이버 시작페이지에서 검색상자에 "픽
사베이"를 검색합니다.

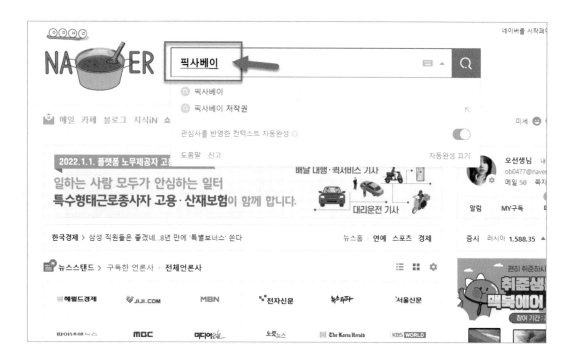

02 검색 결과에서 pixabay.com을 클릭해서 사이트로 이동합니다.

03 검색상자에 ❶seoul을 입력한 후 ❷드롭다운을 눌러서 ❸Videos를 선택합니다.

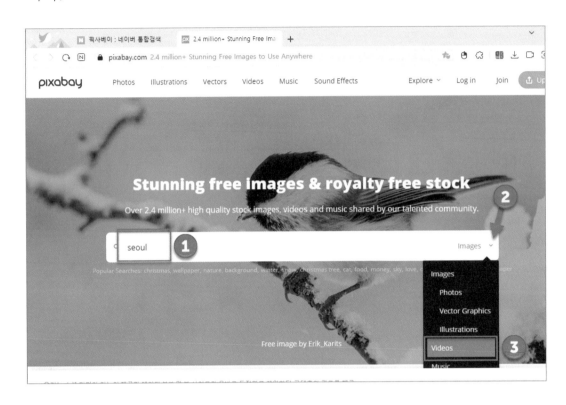

04 검색된 결과의 상단은 유료이므로 클릭하지 말고, 아래에 표시된 영상을 클릭해서 다운로드를 합니다.

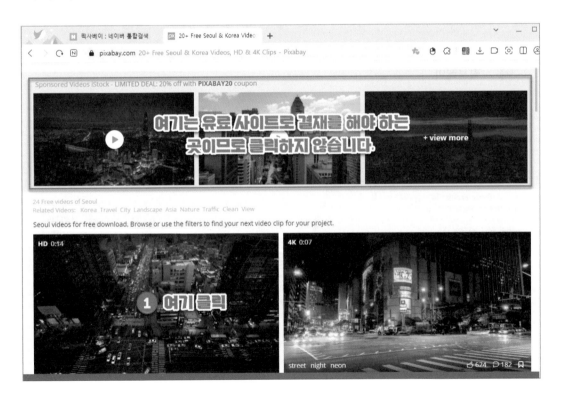

05 ❶Free Download 버튼을 클릭한 후 동영상 크기는 그대로 선택된 상태로 둔 후 ❷Download를 클릭합니다.

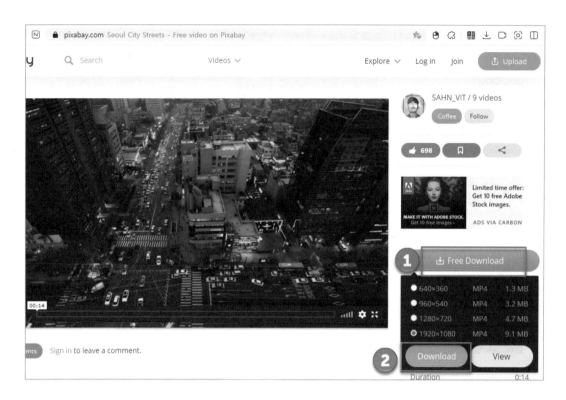

06 파일 다운로드 대화상자가 나오면 **저장** 버튼을 클릭합니다. 어디에 저장되었을까요?

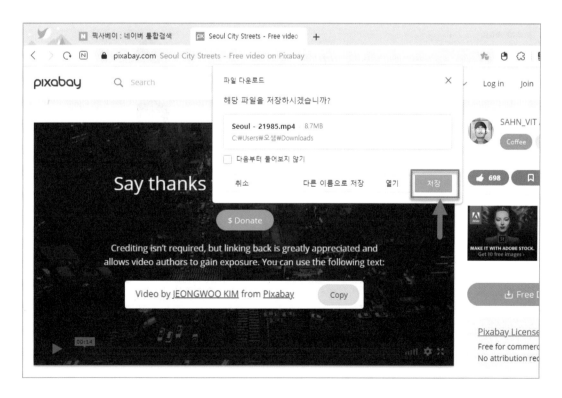

07 웨일 브라우저의 상단 탭 중 **Pixabay 탭**을 닫아주도록 합니다. 탭의 이름은 검색결과의 이름이 표시되므로 다르게 보일 수 있습니다.

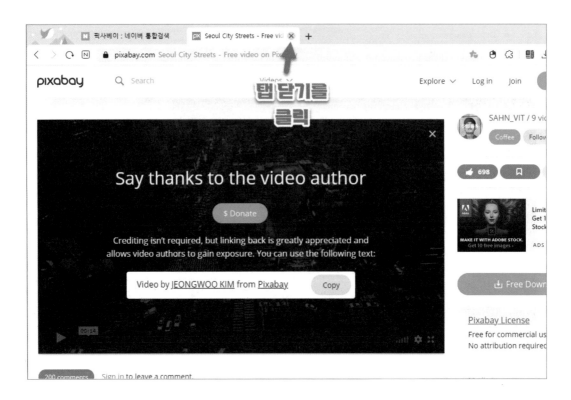

08 내 블로그를 이동하기 위해 다른 방법을 사용해 보도록 합니다. 상단의 ❶로그 인 프로필을 클릭한 후 ❷내 블로그를 클릭합니다.

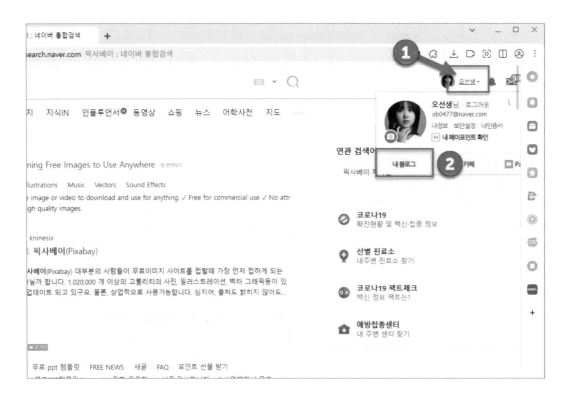

09 내 블로그가 열리면 **글쓰기** 버튼을 찾아서 클릭합니다. 글쓰기 버튼은 본인의 레이아웃에 따라 위치가 다릅니다.

10 제목을 입력하고 본문 내용을 입력한 후 블록을 지정하면 텍스트 도구상자가 나옵니다. 여기에서 **글자크기를 28**로 설정합니다.

11 커서가 있는 위치에 동영상을 삽입하기 위해 도구상자에서 ❶동영상을 클릭한 후 ❷동영상 추가를 클릭합니다. 최대 10개, 총 용량은 8GB, 420분 파일을 업로드 할 수 있습니다.

12 동영상이 있는 위치를 선택하는데 여기서는 샘플을 이용하므로 ❶다운로드 라이브러리를 클릭해서 ❷다운받은 동영상을 선택한 후 ❸열기를 클릭합니다.

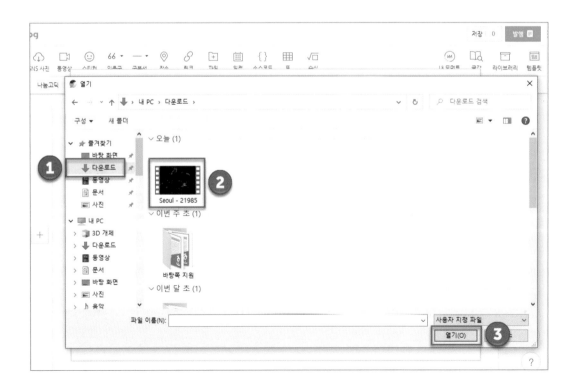

13 동영상이 업로드되면서 대표이미지를 추출하고 나면, 아래의 화면에서 **제목은 반드시 입력**하고, 정보와 태그편집은 선택사항이므로 일단은 **완료** 버튼을 클릭합니다.

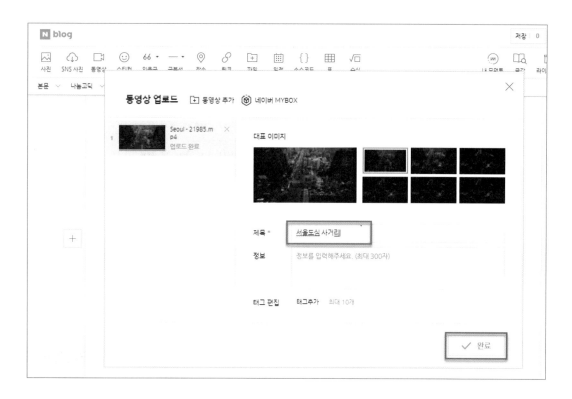

14 블로그 오른쪽 상단의 **발행**을 클릭한 후 대화상자에서 하단의 **발행**을 클릭하면 포스팅이 끝납니다.

03-4 ··· 맛집&멋집 위치 표시 하기

01 네이버 로그인 상태이어야 하고, 네이버 시작페이지에서 **지도**를 클릭합니다.

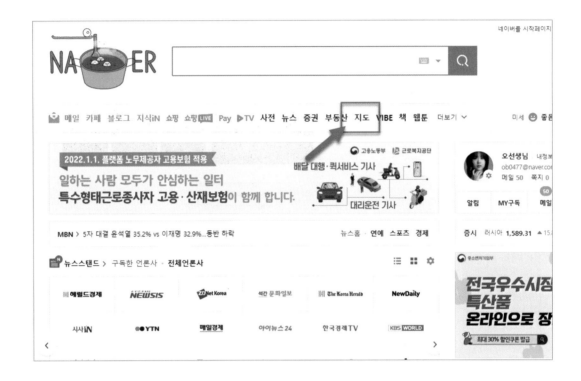

02 검색상자에 "**중구**"를 입력한 후 Enter 를 누릅니다.

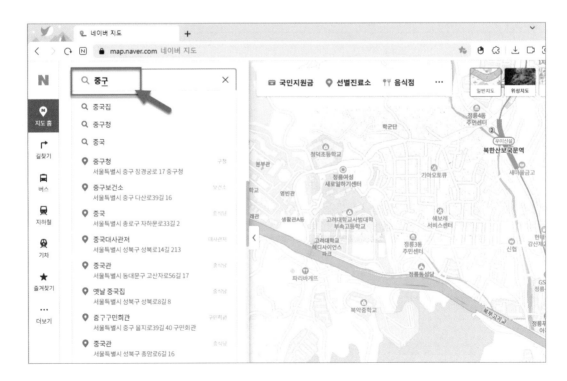

03 지도에 행정구역이 붉은 색으로 표시가 됩니다. **서울특별시 중구**를 클릭해서
지도에서 중구 지역이 확대되도록 합니다.

04 서울특별시 중구의 날씨와 가볼만한 곳이 가운데 표시가 됩니다. 왼쪽에 중구
를 검색했던 곳에서 **x를 눌러서 닫아줍니다.**

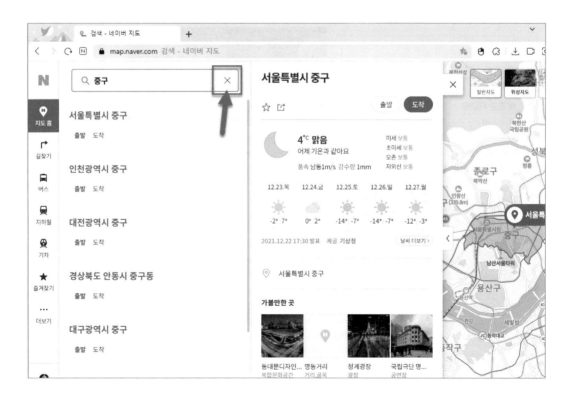

05 맛집 또는 멋집 등 가볼만 한 곳이 표시가 되는데 **첫 번째 Pick**을 클릭해 주세요.

06 바로 오른쪽으로 매장 또는 장소에 대한 상세정보 등이 표시됩니다. ❶공유를 클릭한 후 아래에 나오는 대화상자에서 ❷블로그를 선택합니다.

07 공유하기 대화상자가 나오면 본문에 남길 만한 **내용을 입력**하도록 합니다. 이것은 블로그 본문에 기록을 하는 것과 동일합니다.

08 ❶블로그로 변경한 후 ❷확인을 누릅니다. 이때 공개할 것인지도 물어보는데 블로그, 인스타그램, 페이스북 등은 공개가 목적입니다.

09 공유하기 대화상자에 공유가 완료되었다는 메시지가 나타나고 **내 블로그 확인**
을 클릭하면 내 블로그에 게시된 내용이 나타납니다.

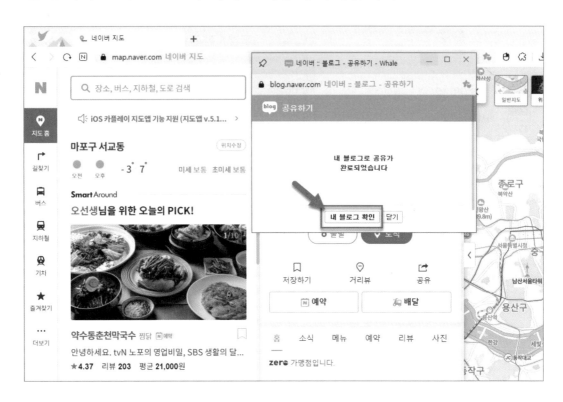

10 여기선 포스팅에 지도를 나타내기 위한 것이므로 ❶**더보기(옵션)**을 클릭한 후
❷**수정하기**를 클릭합니다.

11 도로명 주소에서 아래처럼 **❶도로명만 블록을 지정**한 후 **❷복사**를 클릭합니다.

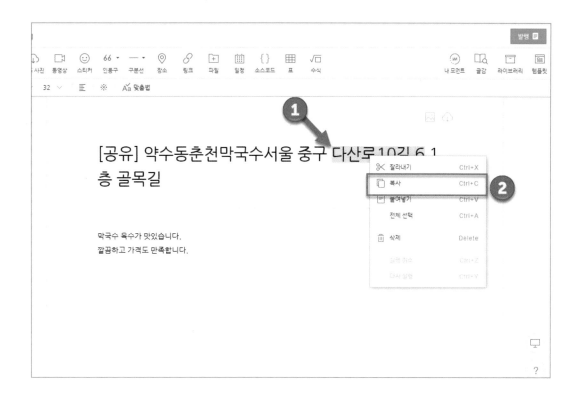

12 맛집 도로명을 붙여넣기 위해 블로그 에디터의 도구상자에서 **장소**를 클릭합니다.

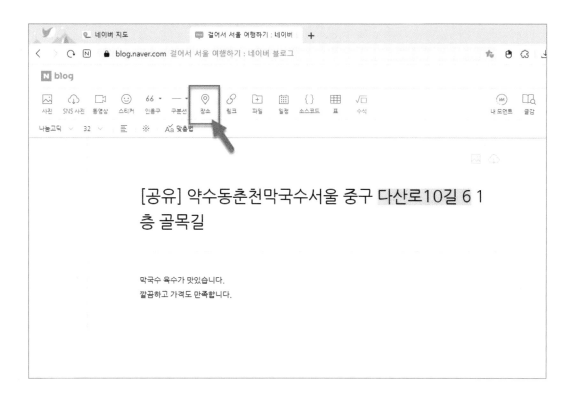

13 입력상자에 ❶마우스 오른쪽 클릭한 후 ❷붙여넣기를 선택합니다. 주소를 알고 있으면 직접 입력해도 됩니다.

14 지도를 표시할 장소에 마우스를 올려 놓은 후 ❶추가를 클릭한 후 ❷확인을 클릭합니다.

15 블로그 오른쪽 상단의 **발행**을 클릭한 후 대화상자 하단의 **발행**을 클릭해서 포스팅을 완료합니다.

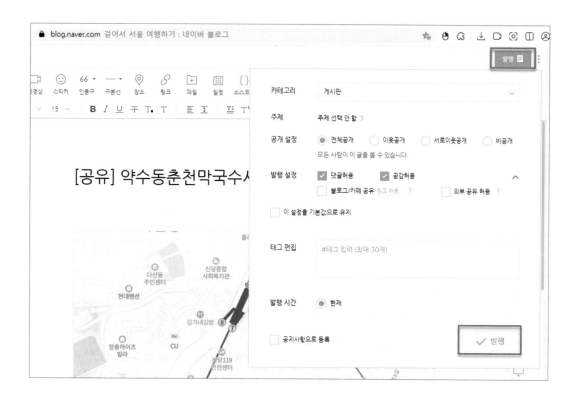

16 아래와 같이 맛집에 대한 네이버 지도에서 공유와 위치를 편집해서 나온 결과가 표시됩니다.

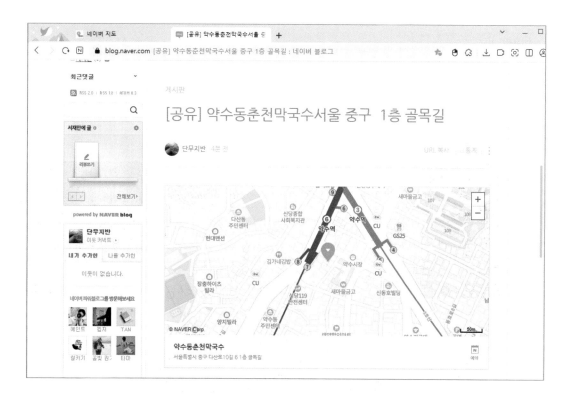

03-5 ··· 유튜브 영상 링크 가져오기

O1 네이버에 로그인을 한 후 주소입력란에 youtube.com을 입력한 후 Enter 를 누릅니다.

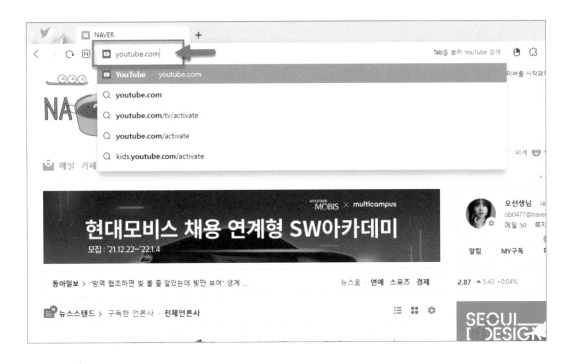

O2 유튜브 사이트가 열리면 상단의 검색상자에 좋아하는 **가수 이름**을 입력한 후 Enter 를 누릅니다.

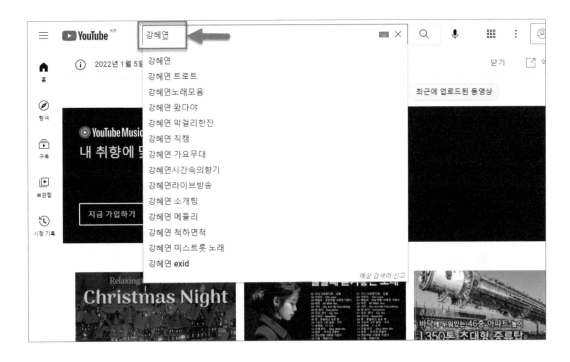

03 검색된 동영상은 순서에 관계없이 나열되어 나오는데, **❶필터**를 클릭한 후 **❷오늘**을 선택하면 오늘 업로드된 영상만 검색됩니다.

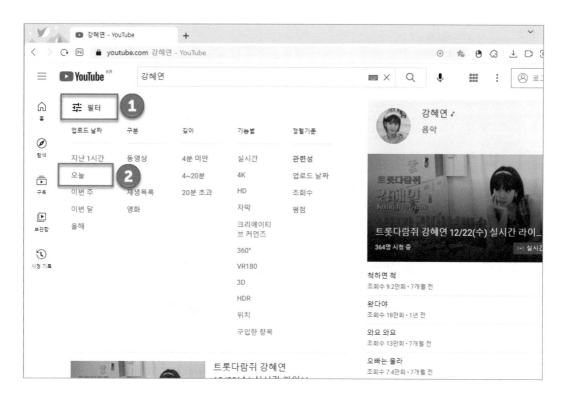

04 오늘 업로드된 영상들이 썸네일로 보여지게 되는데, 블로그에 공유할 영상을 고른 후 클릭을 합니다.

05 곧바로 유튜브 동영상이 재생되는데, 스피커로 소리가 크게 나오면 영상을 클릭해서 일시정지한 후 영상 아래에 있는 **공유**를 클릭합니다.

06 공유할 아이콘이 보이는데 네이버 블로그는 아이콘에 없으므로 ❶**복사**를 클릭한 후 대화상자의 ❷**닫기**를 클릭합니다.

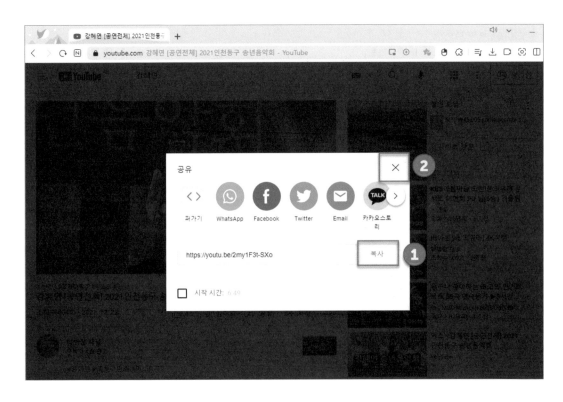

07 웨일 브라우저에는 네이버 홈으로 이동할 수 있는 버튼이 있습니다. Ⓝ (네이버 홈) 버튼을 클릭합니다.

08 블로그를 클릭한 후 내 블로그로 이동한 후 글쓰기를 클릭해서 ❶제목을 입력하고, 본문에 ❷마우스 오른쪽을 클릭한 후 ❸붙여넣기를 선택합니다.

09 유튜브 영상이 미리보기로 나오면 공유가 잘 된 것이므로, 블로그 상단의 **발행**을 클릭해서 포스팅을 완료합니다.

10 유튜브 영상을 공유한 블로그의 포스팅 결과입니다. 영상에 마우스를 올리면 **빨간 재생 버튼**이 나오는데 유튜브 영상을 의미합니다.

혼자 해 보기

1 **픽사베이**에서 **코스모스**를 다운로드한 후 블로그에 포스팅해 보세요.

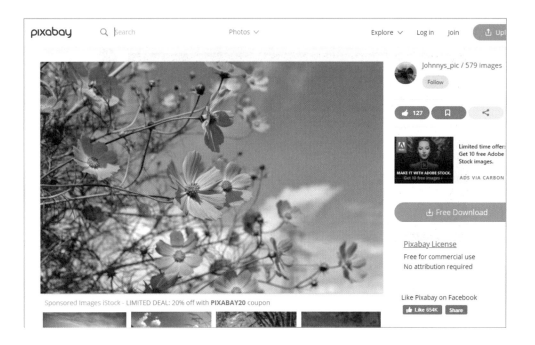

2 픽사베이에서 **korea**를 3장 다운로드 후 블로그에 사진을 포스팅할 때 사진 첨부 방식을 **슬라이드**로 처리해서 포스팅해 보세요.

❸ 픽사베이에서 **코스모스 동영상**을 다운로드한 후 블로그에 포스팅해 보세요.

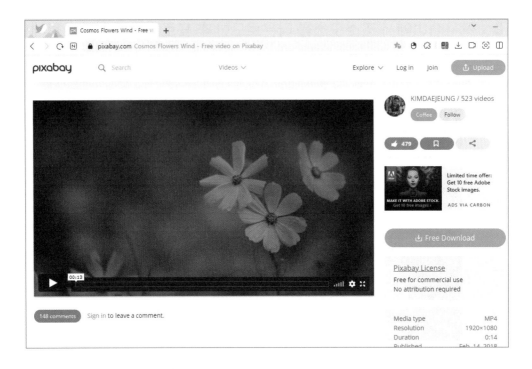

❹ **네이버TV**에서 좋아하는 가수를 검색한 후 내 블로그에 공유해 보세요.

스마트 에디터

네이버 블로그에 글쓰기를 하게 되면 에디터(Editor)가 나오는데, 해마다 기능이 추가되면서 현재는 '스마트에디터 ONE'이 Beta서비스 중입니다. 이 에디터를 사용해서 포스팅 작업을 해 보겠습니다.

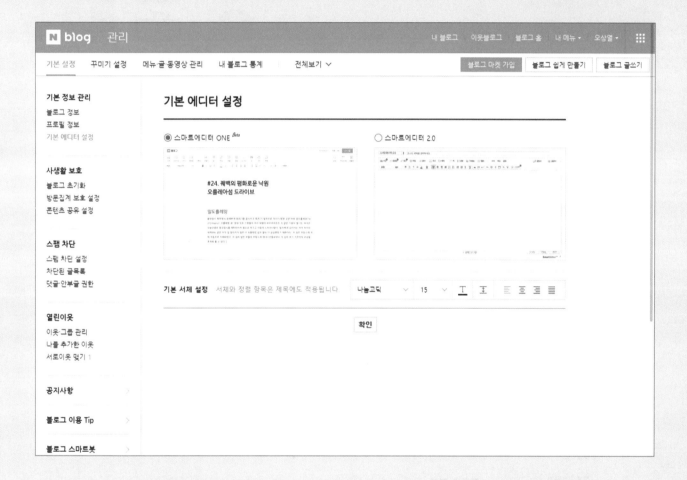

 무엇을 배울까?

01. 스마트에디터 선택하기

02. 스마트에디터를 이용하여 포스팅하기

03. 다양하게 사진 올리고 관리하기

04. 다양한 인용구 사용하기

01 블로그에 글을 입력할 때 에디터를 선택할 수 있습니다. 기본적으로는 스마트
에디터 ONE이 설정되어 있습니다. 내 블로그에 들어온 후 상단 또는 프로필
아래에 있는 **관리**를 클릭합니다.

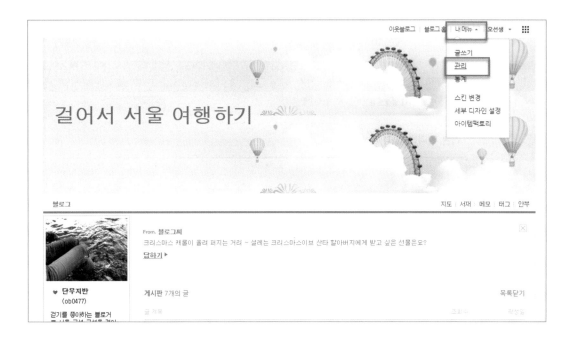

02 기본 정보 관리 화면이 나오면 좌측 카테고리에서 **기본 에디터 설정**을 클릭합
니다.

03 스마트에디터 ONE이 선택되어 있으면, ❶스마트에디터 2.0을 선택한 후 ❷확인을 눌러 적용합니다. 이제 설정된 화면을 확인하기 위해서 상단의 ❸내 블로그를 클릭해줍니다.

04 내 블로그에서 **글쓰기**를 클릭한 후 아래와 같이 에디터가 변경되었습니다. 에 디터를 변경해서 사용할 필요성은 하단의 **HTML** 때문이라고 생각해두세요.

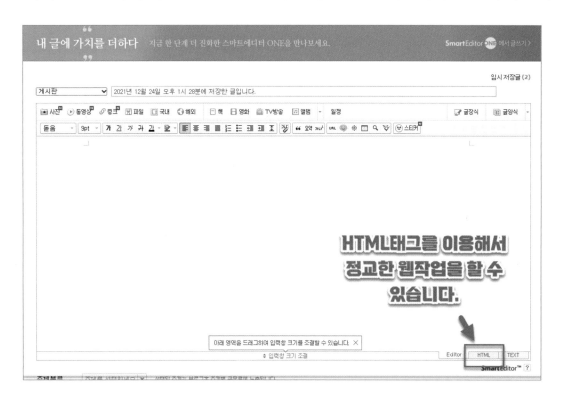

05 다시 원래대로 스마트에디터 ONE으로 설정하고(앞의 01번에서 03번까지의 방법), 기본 서체 설정의 폰트(글꼴)을 **마루부리**로 변경한 후 **확인**을 클릭해 설정을 끝냅니다.

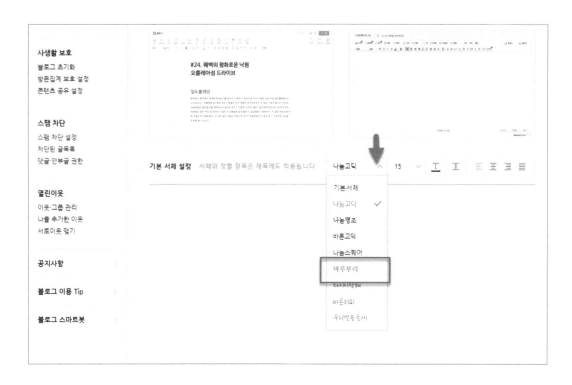

06 화면 상단의 **내 블로그**를 클릭해서 이동한 후 **글쓰기**를 클릭한 다음 적당한 글을 입력하면 변경된 에디터와 기본 서체를 확인할 수 있습니다. 블로그 상단의 **Tab(탭)을 닫아주면** 글쓰기를 저장하지 않고 끝낼 수 있습니다.

01 내 블로그에서 글쓰기를 클릭한 후 에디터가 나오면 상단의 ❶제목에 클릭을 한 후 ❷◹(사진) 아이콘을 클릭합니다.

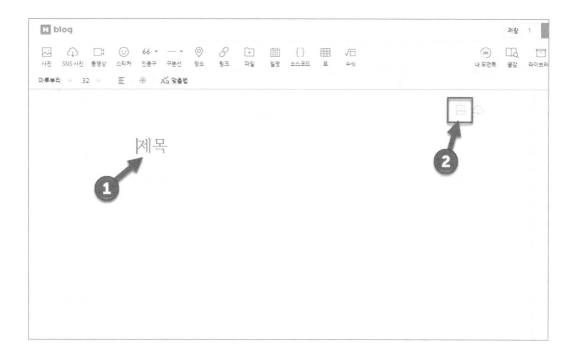

02 사진 - 여행앨범을 차례로 열어준 후 07번을 선택한 후 열기를 클릭합니다.

03 ❶라이브러리 닫기를 누른 후 ❷제목을 입력하면 블로그에 제목만 있는 밋밋한 것보다 효과적인 제목이 될 수 있습니다.

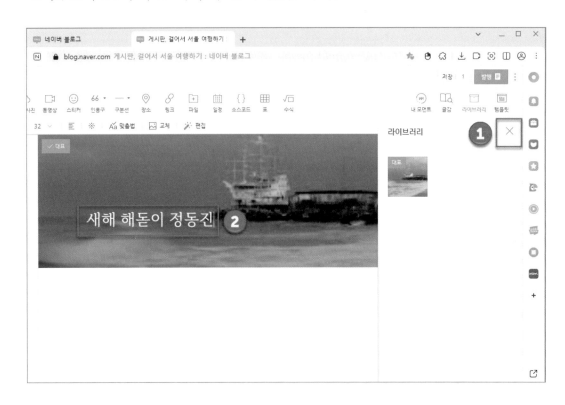

04 제목에 사진 위치의 구도를 변경하려면 **위치이동**을 클릭한 후 드래그를 해서 구도를 맞춰주도록 합니다.

05 사진의 구도와 글자가 어울릴 수 있도록 조정한 후 **확인**을 클릭합니다. 제목의
위치와 사진의 구도가 맞지 않으면 다시 위치조정을 할 수 있습니다.

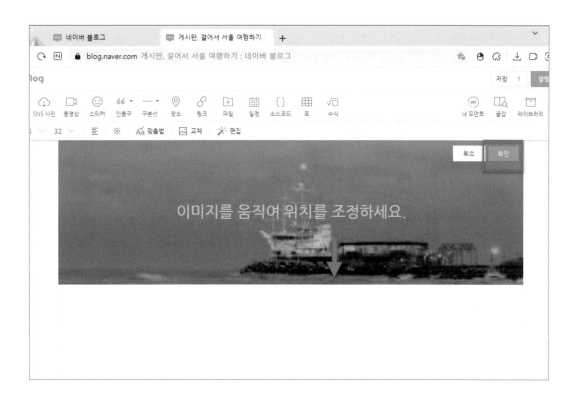

06 제목에 사용한 사진을 교체하고 싶으면 도구모음에 있는 **교체** 버튼을 클릭하
여 다른 사진을 선택할 수 있습니다.

07 여행앨범 폴더에서 12번 사진을 클릭한 후 **열기**를 클릭하면 변경된 결과를 볼
수 있습니다.

08 위치이동을 클릭해서 사진 구도를 정해준 후 확인을 누르면 아래와 같은 제목
을 꾸밀 수 있습니다.

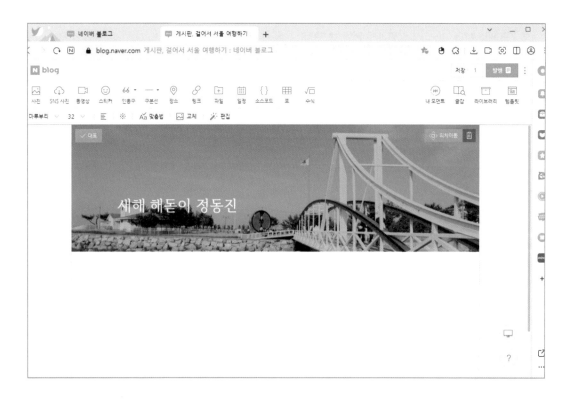

01 본문을 입력할 곳을 클릭한 후 아래와 같은 글을 입력합니다.

> 정동진은 한양의 광화문에서 정동쪽에 있는 나루터라고하여 붙여진 이름이라고 합니다.
>
> 지명에 진으로 끝나는 곳이 많은데 진(鎭:진압할 진)을 사용하는 곳은 군사기지 역할을 하던 곳이고, 진(津:나루진)을 사용하는 곳은 나루터가 있던 지명이라고 합니다.
>
> 노량진, 방어진, 정동진 같은 곳은 나루터가 있던 곳이고, 덕진진, 진해 같은 곳은 군사기지 역할을 하던 곳입니다.

02 정동진에 관련된 사진을 추가하기 위해 도구모음에서 ❶사진을 클릭해서 ❷06번 클릭한 후 ❸열기를 클릭합니다.

03 다른 사진을 커서가 있는 곳에 하나 더 추가하기 위해 에디터 좌측에 있는 **+(추가)** 버튼을 클릭합니다. 도구모음에서 **사진**을 클릭해서 삽입하는 것과 결과는 동일합니다.

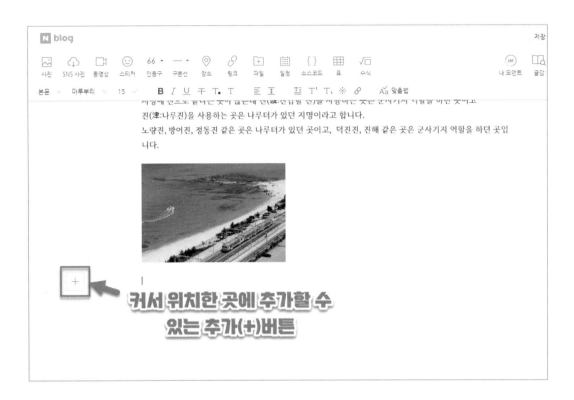

04 사진, 스티커, 구분선, 인용구 등을 추가할 수 있습니다. 여기서는 사진을 클릭해서 **07번 사진**을 추가하도록 합니다.

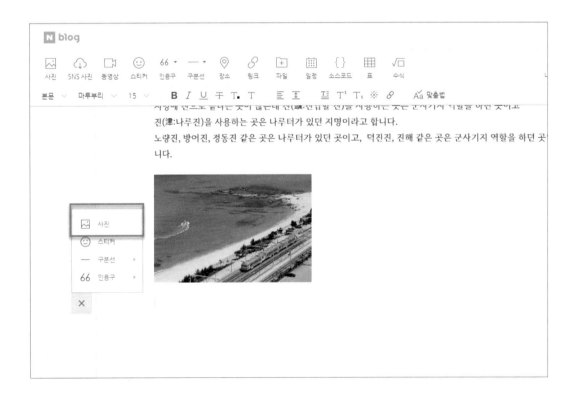

05 두 번째 사진을 클릭해서 ❶선택한 후 첫 번째 사진 오른쪽으로 ❷드래그를 해서 이동시킵니다. 이렇게 하면 2개의 사진이 1개의 그룹으로 만들어지게 됩니다.

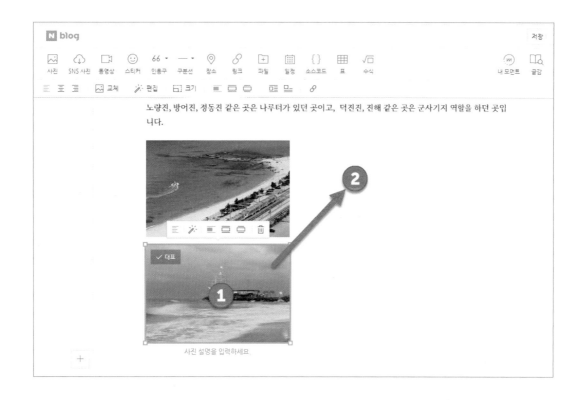

06 본문 입력하는 ❶빈 곳을 클릭한 후 2개의 사진 중 ❷아무 사진을 클릭해 보세요. ❸초록색 테두리를 보면 1개 그룹으로 모여 있습니다.

07 그룹으로 묶인 사진을 다시 개별 사진으로 분리하려면 원하는 사진을 클릭해서 초록색 박스가 개별사진일 때 아래로 드래그해서 이동시킵니다.

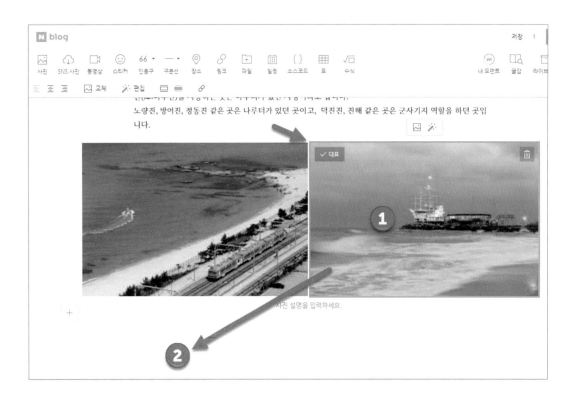

08 아래의 결과처럼 선택을 할 때 초록색 박스가 어디에 있는지를 확인한 후 드래그를 하면 결과가 달라집니다.

01 앞 과정에 이어서 본문에 콜라주 사진으로 가져오기 위해 도구모음의 사진을 클릭해서 **01번부터 06번**까지 선택합니다.

02 사진 첨부 방식 대화상자가 나오는데, 사진을 2장 이상을 선택한 후 열기를 할 때 나오게 됩니다. 사진을 모아주는 **콜라주** 방식을 선택합니다.

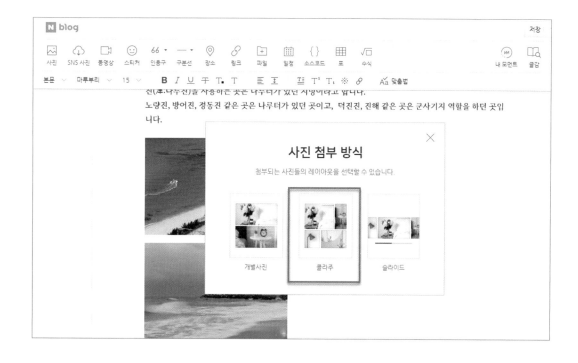

03 사진이 첨부되면 커서가 본문 가장 아래에 위치하게 되는데 스크롤바를 위로 굴려서 ❶본문에 클릭한 후 ❷추가된 사진을 클릭하면 ❸도구상자가 나타납니다.

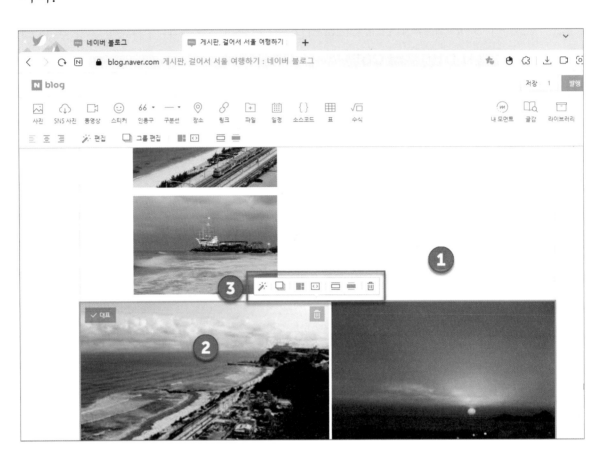

✨ (사진편집) : 개별적인 사진을 편집할 수 있습니다.

🗐 (그룹편집) : 개별사진, 콜라주, 슬라이드로 변경할 수 있습니다.

▮▮ (콜라주로 변경) : 바로 콜라주로 변경합니다.

‹› (슬라이드로 변경) : 바로 슬라이드로 변경합니다.

▭ (옆트임) : 좌우측에 공백이 보이도록 사진이 줄어듭니다.

▬ (문서너비) : 좌우측에 공백이 없도록 본문에 맞춥니다.

🗑 (삭제) : 한꺼번에 사진틀을 삭제합니다.

04 전체 사진틀이 선택된 상태에서 개별 사진을 선택하면 도구상자 아래에 도구 상자가 보이게 됩니다. 개별 사진이 선택되어도 그룹편집, 슬라이드 변경 등 그대로 사용할 수 있습니다.

05 블로그 상단의 ❶발행을 클릭하고 대화상자 하단의 ❷발행을 클릭해서 포스 팅을 완료합니다.

01 본문에 인용할 내용이나 강조할 내용이 있을 때 사용하는 기능입니다. 내 블로그에서 글쓰기를 클릭한 후 ❶**제목을 입력**한 후 ❷**인용구**를 클릭합니다.

02 웨일 브라우저 상단의 **새 탭**을 눌러서 네이버 홈이 나오면 **정동진**을 검색합니다. 검색결과가 나오면 **더보기**를 클릭해서 상세한 내용을 볼 수 있도록 페이지를 펼쳐줍니다.

03 내용을 ❶블록 지정한 후 ❷마우스 오른쪽을 클릭해서 ❸복사를 선택합니다.

04 웨일 브라우저의 상단탭에서 ❶내 블로그의 탭을 클릭한 후 인용구 안에 ❷마우스 오른쪽을 클릭한 후 ❸붙여넣기를 선택하면 복사했던 내용이 나오게 됩니다.

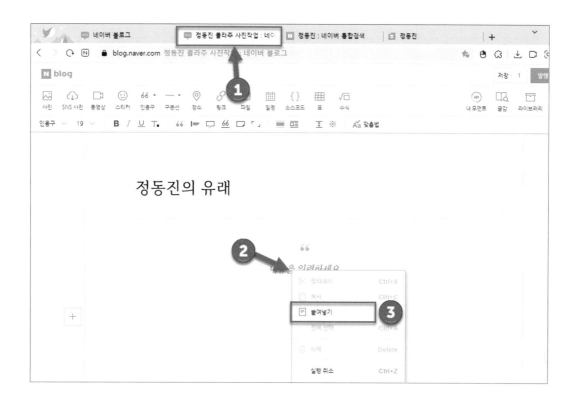

05 붙여넣기 한 내용 중 아래에 있는 출처를 옮기기 위해 ❶블록을 정한 후 ❷마우스 오른쪽을 클릭해서 ❸잘라내기를 선택합니다.

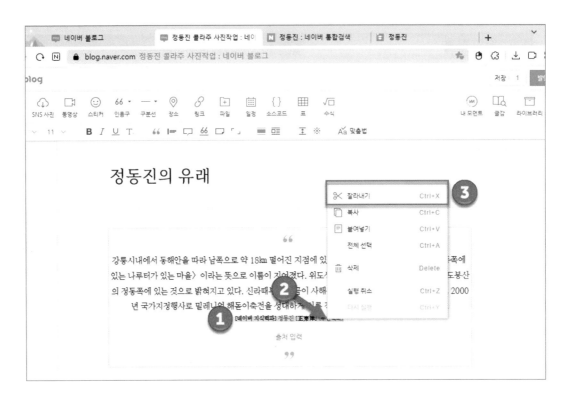

06 출처 입력이란 곳에 ❶마우스 오른쪽을 클릭해서 ❷붙여넣기를 선택하면 깔끔하게 인용구 작업이 마무리가 됩니다. 이렇듯 내가 입력한 내용이 아닌 것은 인용구 기능을 활용하면 편리합니다.

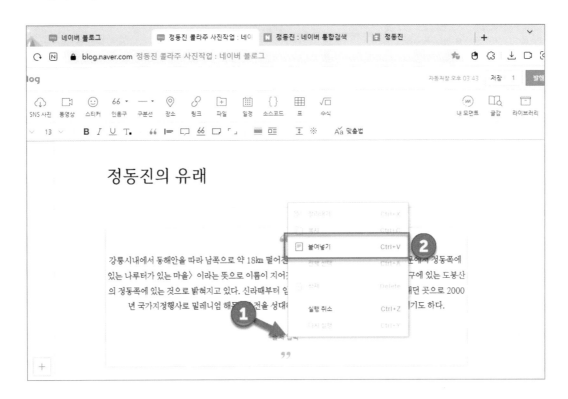

07 인용구를 다른 모양으로 변경하려면, 먼저 인용한 내용을 선택하면 인용구 위에 도구상자가 나옵니다.

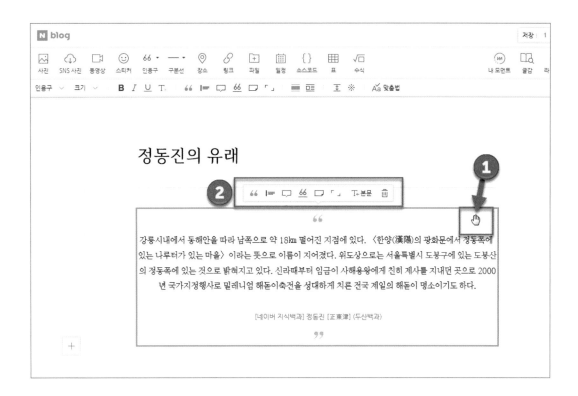

08 인용구 대화상자에 인용구1부터 인용구6까지 있는데 하나씩 눌러서 결과를 확인해 보세요. 여기서는 **인용구6**을 선택한 결과가 아래에 표시되었습니다.

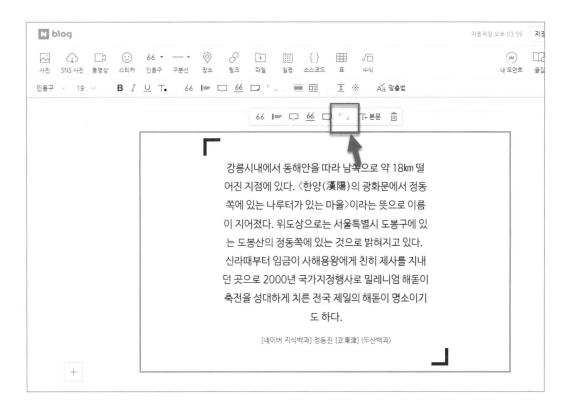

09 인용구 도구상자에서 **본문으로 문단서식 변경**을 클릭하면 인용구에서 본문 형식으로 변경됩니다.

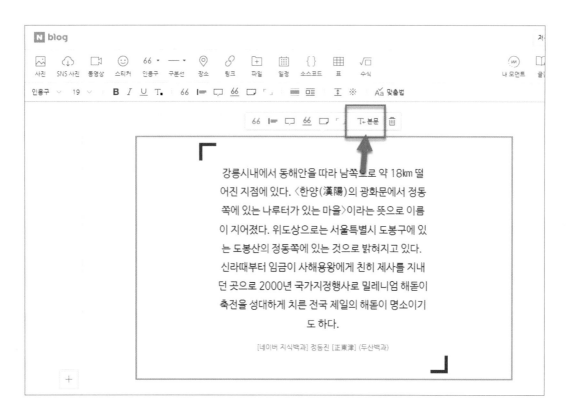

10 본문 변경된 곳을 블록을 지정하면 도구상자가 나오는데 이때 인용구를 사용해서 변경해도 됩니다. 블로그에 포스팅을 할 때 먼저 꾸미는 것 보다 내용을 먼저 모두 입력한 후 꾸며주도록 합니다.

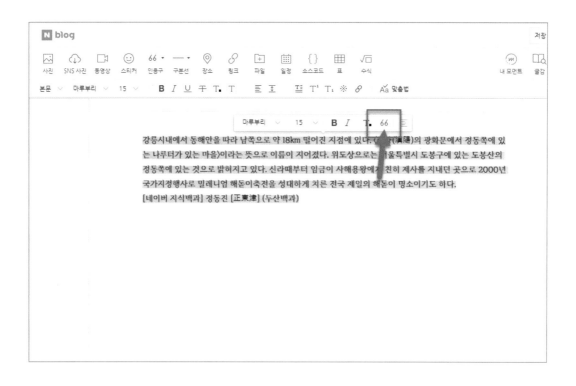

1 여행앨범 폴더의 사진 11번부터 20번까지 **콜라주 방식**으로, 19번 사진을 대표로 포스팅해 보세요.

2 콜라주 방식을 **슬라이드 방식**으로 변경해서 내용을 수정해 보세요.

❸ 정동진의 유래라는 제목으로 포스팅한 것을 편집을 눌러서, 인용구를
아래와 같이 변경해 보세요.

❹ 정동진의 유래에 **구분선**을 아래와 같이 넣은 후 내용을 **인용구**로 추가
해서 발행해 보세요.

05 사진 편집하기

네이버 블로그에 사진을 올린 후 해당 사진을 간단하게 편집할 수 있습니다. 굳이 다른 사진편집 프로그램을 이용하지 않더라도 웬만한 기능은 자체적으로 처리할 수 있습니다. 다양한 사진편집 기능을 사용해 보도록 하겠습니다.

 무엇을 배울까?

01. 스마트에디터에서 사진 편집하기

02. 다양한 사진효과 작업하기

03. 사진에 스티커 붙이기

04. 예쁜 문구를 사진에 적용하기

01 내 블로그에 **글쓰기**를 클릭하고 도구모음에서 **사진**을 클릭해서 **사진 - 컴퓨터 활용**1 - **PPT** 폴더에서 **DC01**번을 열어줍니다.

02 제목에 **사진편집연습**이라고 입력한 후 추가된 **사진**을 클릭하고 도구상자에서 ✨ (**사진편집**)을 클릭합니다. 네이버 블로그는 간단한 사진 편집기능을 가지고 있습니다.

03 오른쪽 사이드에 도구에서 ❶크기를 클릭하면 바로 왼쪽으로 원본크기가 나오는데 ❷직접입력을 클릭해서 크기를 정할 수 있습니다. ❸은 원본보다 작은 숫자가 표시되어 조절할 수 있습니다.

04 가로 크기 320을 입력한 후 Enter 를 누르면 세로는 비율에 맞춰 조정이 되며, 크기조정이 끝나면 **닫기**를 누른 후 **완료**를 누릅니다.

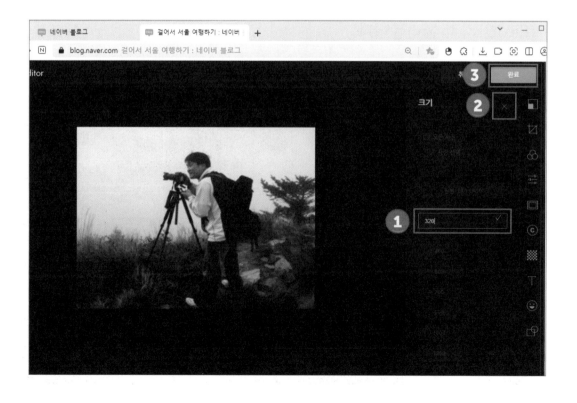

01 글쓰기를 선택해서 제목에 **부산 불꽃 축제**를 입력하고 아래의 사진을 추가한 후 그림을 클릭해서 **편집**을 누릅니다.

02 오른쪽 사이드 도구모음에서 **자르기, 회전**을 클릭하면 회전,반전 그룹과 종횡 비 그룹, 자동 수평 3개의 그룹으로 나뉘어서 보여집니다. 회전(rotate), 반전 (flip)을 각각 눌러봅니다.

03 종횡비가 자유로 되어 있어서 크롭(crop)에 마우스를 올려서 드래그를 하면 자유롭게 크기를 조절할 수 있습니다.

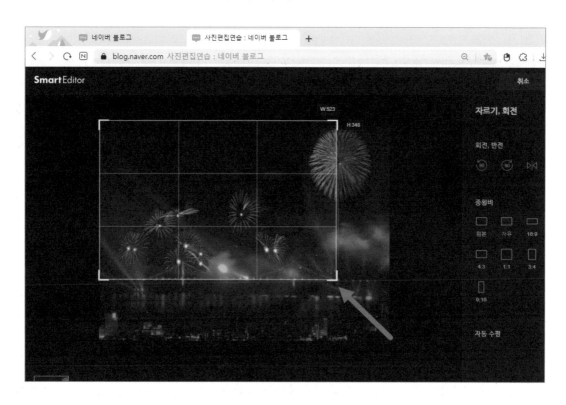

04 ❶재설정을 누르면 다시 원래 그림으로 복귀하게 되며, 원래대로 복원한 후 ❷16:9를 선택해서 자르기를 해보세요. ❸사진을 드래그해서 구도를 정해줍니다. 여기서 크롭을 드래그해서 크기를 조절할 수 있습니다.

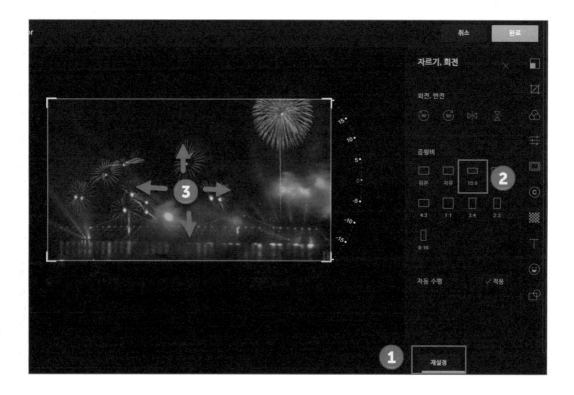

05 수평을 조정하기 위해 각도기 모양을 드래그 해서 수평을 맞춰주도록 합니다. 이런 기능은 주로 세로 사진을 촬영할 때 사용하는 기능으로 촬영할 때 팔의 각도가 반듯해야 합니다.

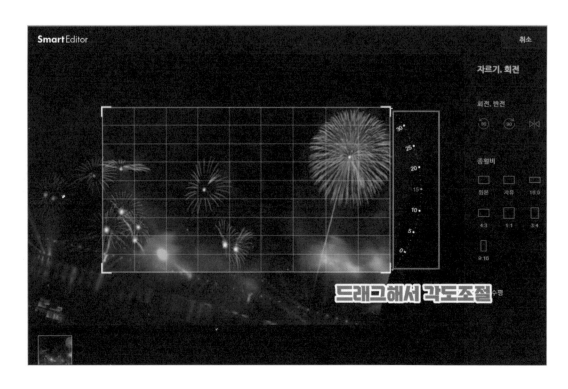

06 자동 수평의 **적용**을 클릭하면 사진 수평을 자동으로 맞춰주지만 안될 때도 있으므로 수동으로 맞추는 연습을 해보세요. 카메라의 수평/수직 안내선을 표시한 후 촬영하면 도움이 됩니다.

01 오른쪽 도구모음의 **필터**를 클릭하면 사진에 다양한 사진효과를 적용할 수 있습니다. 하나씩 눌러 사진의 변화를 확인해 봅니다.

02 Tint Y(노랑 색조) 값을 **85정도(amount)**로 조정해 보세요. 슬라이드바를 이동해서 값의 농도를 조절할 수 있으며, 첫 번째 필터인 Original을 누르면 필터를 적용하지 않습니다.

01 글쓰기로 아래의 사진을 추가한 후, 오른쪽 도구모음의 **보정** 버튼을 선택해서 해당 기능의 슬라이드바를 조절해 보세요.

■ 밝기(brightness)
명도를 일상적으로 이르는 말로, 빛이 우리의 눈으로 들어올 때, 인지되는 정도를 나타내는 말입니다.

■ 채도(saturation)
색의 3대 속성 중 하나로 색상의 선명도를 나타내는데, 색상의 진하고 엷음을 나타내는 것이며, 원색에 가까운 것을 채도가 높다고 표현합니다.

■ 선명도(sharpness)
초점이 정확하고 선명한 정도로, 피사체의 뚜렷하고 산뜻한 정도를 말합니다. 사진의 명암 경계 부분의 명확도를 나타내기도 합니다.

■ 색온도(color temperature)

색을 온도로 표시하는 것으로 단위는 K(캘빈)으로 표시하며, 색온도가 낮을수록 붉은색을 띠고 높을수록 색감이 푸른색에 가깝습니다.

■ 대비(contrast)

몇 가지 색을 동시 또는 지속적으로 보게 될 때 색의 상호 작용으로 한 가지 색이 서로의 색에 영향을 미치게 되는 현상을 말합니다.

■ 원형 블러(circle blur)

피사체 중에 돋보이게 하고 싶은 영역을 원형으로 한 후 주변을 뿌옇게 처리하는 방법을 말합니다.

■ 선형 블러(linear blur)

피사체를 수평으로 강조하고 싶을 때 가운데 영역을 선명하게 하고 주변을 뿌옇게 처리하는 방법을 말합니다.

■ 비네팅(vineting)

사진의 모서리를 어둡게 처리하여 피사제가 도드라지게 하는 방법을 말합니다.

■ 자동 레벨(automatic level)

사진을 촬영할 때 화이트 밸런스를 이용하여 촬영한 사진을 작업할 때 사용하는데 얇은 막을 걷어낸 듯한 느낌을 받을 수 있습니다.

01 사진에 글자를 추가하기 위해 ❶텍스트를 선택한 후 일반 텍스트 ❷추가 버튼을 클릭합니다.

02 사진 중앙의 내용을 입력하세요에 마우스를 더블클릭하면 글자를 입력할 수 있게 변합니다.

03 **북한강 운길산앞**이라고 입력한 후 사진에 클릭하면 입력이 끝나게 됩니다. 입력한 글자를 드래그해서 이동하고 글자를 크게 조절할 수 있습니다.

04 말풍선 효과도 넣을 수가 있는데, 아래와 같이 블로그 사진에 재미있게 꾸며볼 때 사용하면 효과적입니다.

05 **아트타이포**를 사용해서 사진에 텍스트를 추가하면 이미 제작된 형태의 타이
포그래픽으로 블로그가 한층 돋보이게 됩니다. ...(더보기)을 눌러서 확장한 후
아트타이포를 적용해 보세요.

06 텍스트를 추가해서 타이틀로 사용하는 아트타이포 및 개별적으로 추가한 텍스
트를 삭제하려면, 삭제를 할 텍스트를 선택한 후 좌측의 **X버튼**을 눌러줍니다.

05-6 ··· 서명 활용하기

01 글자 또는 낙관을 이용해서 출처를 사용할 경우에 서명을 이용하는데 **사진, 텍스트, 아트타이포**를 사용할 수 있습니다. 사진을 4장 추가한 후 첫 번째 사진을 선택해서 편집을 누릅니다.

02 오른쪽 도구모음에서 **❶서명**을 클릭한 후 **❷텍스트**를 선택하면 해당 **블로그 주소**가 사진에 자동으로 추가되는데, 더블클릭해서 내용을 변경할 수도 있습니다.

03 모든 사진에 동일한 블로그 주소를 삽입하려면 상단의 **모든 사진**을 클릭하면
됩니다.

04 추가한 사진에서 서명을 특정 사진들에만 적용할 경우는 **사진 선택**을 눌러서
서명으로 블로그 주소가 들어갈 사진을 선택한 후 **적용** 버튼을 클릭합니다.

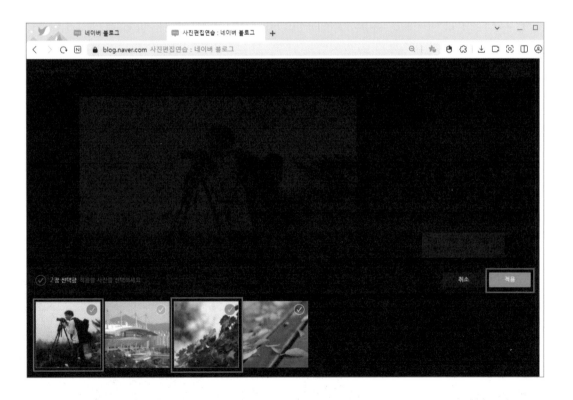

혼자 해 보기

1 아래와 같이 얼굴이 나온 사진을 편집의 **모자이크**를 이용해서 얼굴을 블라인드 처리해 보세요.

2 스티커 기능에서 아래와 같은 종류를 찾아서 동일하게 만들어 보세요. 초상권이 있는 얼굴을 가릴 때도 사용할 수 있습니다.

글감과 템플릿

네이버 블로그에 막상 글을 쓰려면 어떠한 내용을 어떻게 입력을 해야 할지 막막할 때가 있는데, 이런 경우에 사용하면 좋은 기능이 바로 글감과 템플릿입니다. 바로 따라하면서 블로그 컨텐츠를 만들 수 있으므로 도움이 될 것 같은 기능입니다.

 무엇을 배울까?

01. 글감을 통해서 쉽게 이미지, 책, 음악 등 삽입하기

02. 템플릿을 이용해서 글과 사진 배치하기

01 글쓰기를 눌러서 포스팅하러 들어간 후 오른쪽 상단에 보이는 **글감**을 클릭합니다.

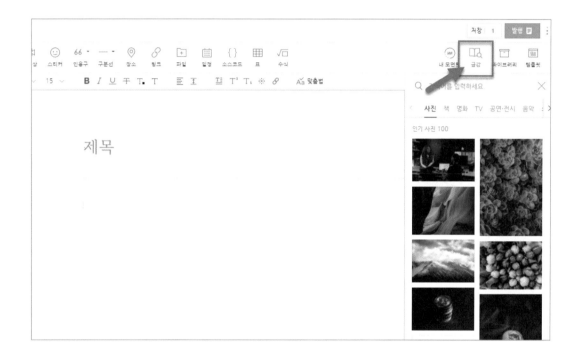

02 사진, 책, 영화, TV, 공연전시, 음악 등 다양한 항목이 나오는데 ❶책을 클릭한 후 ❷이순신의 바다를 선택합니다.

03 본문에 책의 링크가 들어갔으며, 제목을 **이순신의 바다**로 입력한 후 글감 책 목록의 **이순신의 바다**에 마우스를 올린 후 **책 버튼**을 클릭해서 네이버 책을 열어줍니다.

04 네이버 책 페이지가 나오면 스크롤바를 아래로 굴려서 **책소개** 항목으로 이동한 후 ❶블록을 지정한 다음 ❷마우스 오른쪽을 클릭해서 ❸복사를 선택합니다.

05 브라우저의 상단에 ❶내 블로그 제목이 있는 탭을 클릭한 후, 본문의 원하는 위치에서 ❷마우스 오른쪽을 클릭해서 ❸붙여넣기를 선택합니다.

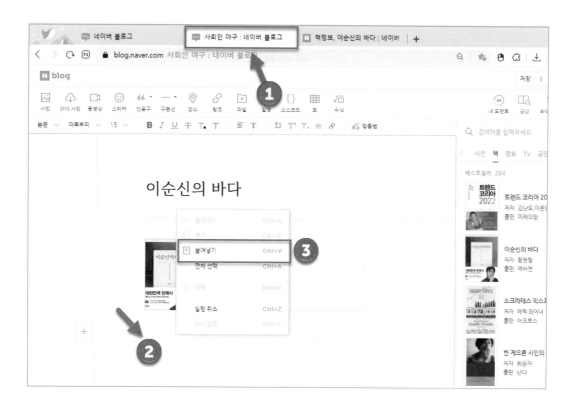

06 블로그 상단의 ❶발행을 클릭한 후 대화상자의 하단에 있는 ❷발행을 클릭해서 포스팅을 마칩니다.

06-2 ··· 템플릿 활용하기

01 글쓰기를 한 후 오른쪽 상단의 ❶템플릿을 클릭하면 추천, 부분, 내 템플릿이 보입니다. 추천 템플릿에서 ❷여행을 클릭합니다.

02 제목은 본인이 생각하고 있는 것을 입력한 후 내용도 하나씩 수정하면 되는데, 연습하려면 아래와 같이 제목에는 **1월에 혼자하는 여행기**, 내용 박스에는 **강원도 1박 2일**로 수정해 보세요.

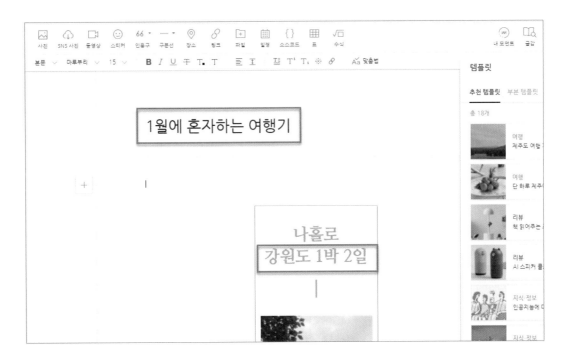

03 아래와 같이 테두리에 마우스를 올려놓은 후 손바닥 표시로 바뀌면 클릭하세요. 표가 선택된 상태가 됩니다.

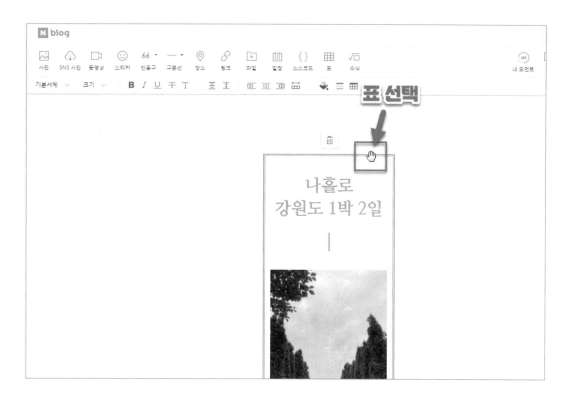

04 표를 선택하면 + 기호가 여러 개 보이는데 클릭하면 열과 행이 추가 됩니다. 오른쪽으로 열을 2개 추가해 보도록 합니다. 행으로도 2행을 추가해 보도록 합니다.

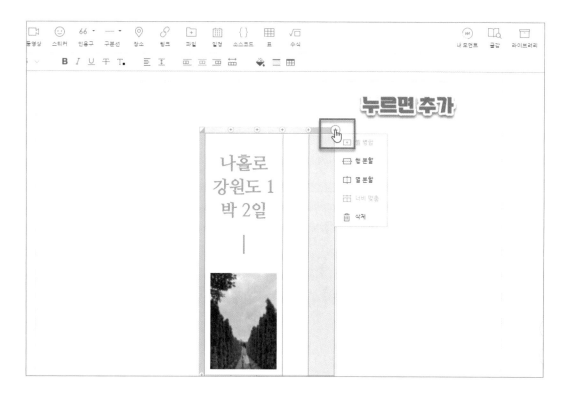

05 불필요하게 추가된 행을 삭제하려면 아래와 같이 화살표처럼 손가락이 된 상태에서 클릭하면 행 전체가 초록색으로 범위가 지정되면서 메뉴가 나오는데 **삭제**를 클릭하도록 합니다.

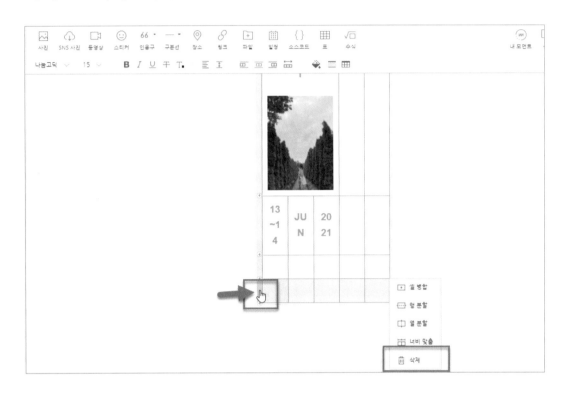

06 칸과 행에 추가했던 셀을 모두 삭제해 주세요. 이때 삭제할 행이나 열에 마우스를 올렸을 때 마우스 포인터는 두 번째 손가락을 편 모양이어야 합니다.

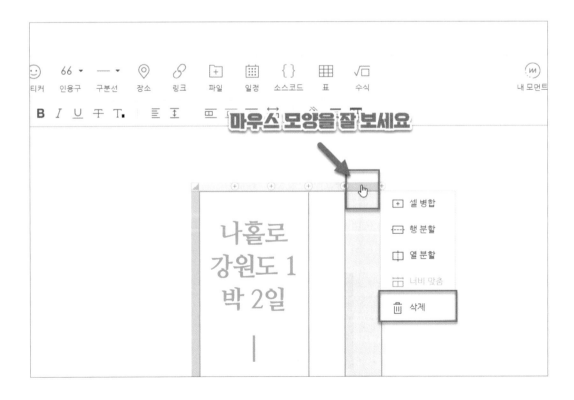

07 날짜가 들어가 있는 셀을 병합하기 위해 **첫 번째 셀에 클릭**해서 커서가 보이면 **범위를 지정**하여 나오는 메뉴에서 **셀 병합**을 클릭합니다.

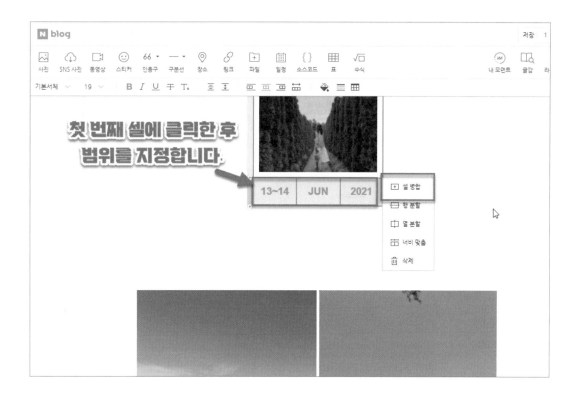

08 사진을 클릭한 후 Delete (딜리트) 키를 눌러서 제거한 후 도구모음에서 사진을 눌러 다른 사진으로 변경합니다.

09 아래에 있는 사진은 제주도 사진이므로 내 사진으로 교체(변경)하기 위해 사진을 ❶두 번 클릭한 후 ❷교체 버튼을 클릭합니다. 이 때 더블클릭이 아니라 **클릭을 천천히 두 번** 하는 것입니다.

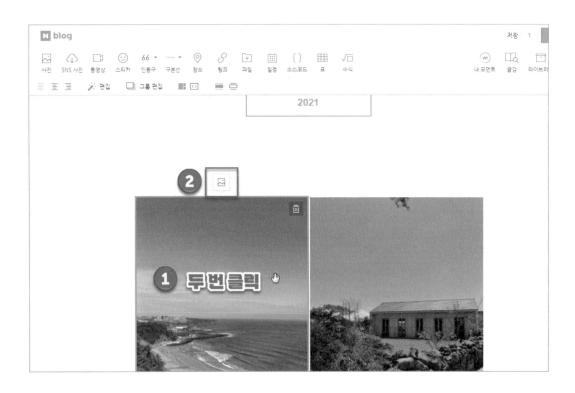

10 위 작업은 그룹으로 작업했을 때이고, 개별적으로 들어간 사진은 한 번 클릭한 후 도구모음에 있는 **교체** 버튼을 클릭합니다. 나머지 항목도 비슷하게 처리하면 되므로 발행을 해서 마무리합니다.

혼자 해 보기

① 글감의 **쇼핑** 항목에서 **마그네슘**을 찾아 블로그 포스팅해 보세요.

② 글감의 **뉴스**에서 손흥민을 검색한 후 뉴스 내용까지 블로그 본문에 포스팅해 보세요.

❸ 글쓰기에서 **템플릿**을 이용하여 **지식정보**에 관한 사항으로 필요 없는 항목은 삭제를 하면서 포스팅해 보세요.

❹ **부분 템플릿**을 이용하여 제목과 인용구, 사진 추가 등의 템플릿을 활용해서 블로그 포스팅을 꾸며 보세요

카테고리와 글 관리

네이버 블로그를 포스팅할 때마다 기본적으로 게시판에 등록이 되는데, 이것은 올바른 사용이 아니며 분류를 해서 등록을 해야만 합니다. 그래야만 블로그를 찾아주는 이웃도 글쓴이도 원하는 글을 빠르게 찾을 수 있기 때문입니다. 지금부터 카테고리를 만들어 글 관리를 하도록 하겠습니다.

N blog 관리

내 블로그 이웃블로그 블로그 홈 내 메뉴▾ 오선생▾

기본 설정 꾸미기 설정 **메뉴·글·동영상 관리** 내 블로그 통계 전체보기 ✓ 블로그 마켓 가입 블로그 쉽게 만들기 블로그 글쓰기

메뉴 관리
상단메뉴 설정
블로그
메모게시판
프롤로그

글배달
블로그씨 질문

글 관리
댓글
태그
글 저장

동영상 관리
내 동영상

플러그인·연동 관리
그린리뷰 배너 설정
애드포스트 설정

상단메뉴 설정

내 블로그 상단메뉴를 구성할 수 있으며, 최대 5개의 메뉴와 카테고리의 배치가 가능합니다.
프롤로그, 블로그, [선택한 카테고리], 지도, 서재, 메모, 태그 순으로 배치됩니다.

메뉴사용 관리

메뉴명	사용	대표메뉴	설명	관리
프롤로그	☐	○	원하는 글 목록으로 꾸밀 수 있는 대문입니다.	프롤로그 관리 ›
블로그	필수	◉	기록하고 공유하는 기본메뉴입니다.	카테고리 관리 ›
지도	☑	○	위치정보가 첨부된 글을 지도 위에 보여줍니다.	
서재	☑	○	글감이 첨부된 글을 서재안에 보여줍니다.	
메모	☑	○	자료보관 및 함께 글쓰기 가능한 게시판입니다.	메모게시판 관리 ›
태그	☑		글을 쓰면서 작성한 태그만 모아 볼 수 있습니다.	태그 관리 ›

상단 메뉴 지정
· 블로그 카테고리를 상단 메뉴에 배치하여 방문자들이 더 쉽게 찾아볼 수 있도록 합니다.
· 블로그 카테고리는 합쳐서 최대 4개까지 선택할 수 있습니다.

블로그 카테고리   선택한 메뉴   ▲ ▼

카테고리 전체보기(15)
⊞ 게시판

 무엇을 배울까?

01. 블로그 카테고리 만들기와 관리하기
02. 상단메뉴 설정하기
03. 프롤로그 사용하기
04. 글 분류해서 카테고리로 이동하기

01 블로그에 로그인한 후 내 블로그로 이동해서 상단의 **내 메뉴**에서 **관리** 메뉴를 선택합니다.

02 blog 관리화면이 나오면 상단 분류에서 ❶**메뉴 · 글 · 동영상관리**를 선택한 후 왼쪽 메뉴 관리에서 ❷**블로그**를 선택합니다.

03 ❶**카테고리 추가**를 누르고 아래 상자에 ❷**리뷰**를 입력한 후 ❸**주제분류** 드롭다운을 클릭하고 원하는 항목을 선택하면 됩니다. 여기서는 ❹**상품리뷰**를 선택하도록 합니다.

04 목록보기는 **목록열기**를 선택한 후 **확인**을 클릭해서 카테고리 작업을 일단 저장하도록 합니다. 메뉴작업을 할 경우 중간 중간 **확인**을 클릭해서 저장하는 것을 습관화하세요.

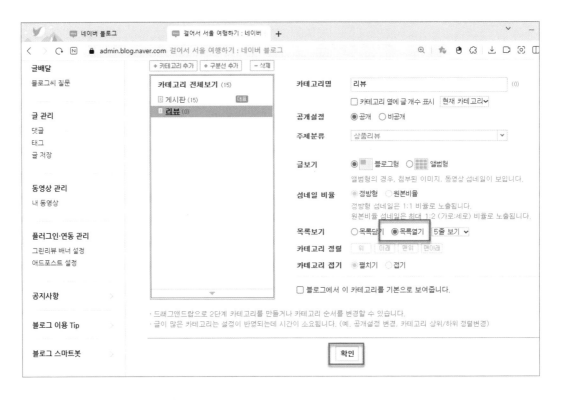

05 아래와 같이 카테고리를 추가합니다. 카테고리 이름은 **여행**을 입력하고 **주제 분류**는 선택하지 않습니다. 글보기는 **앨범형**으로, 섬네일은 **원본비율**로 해주세요.

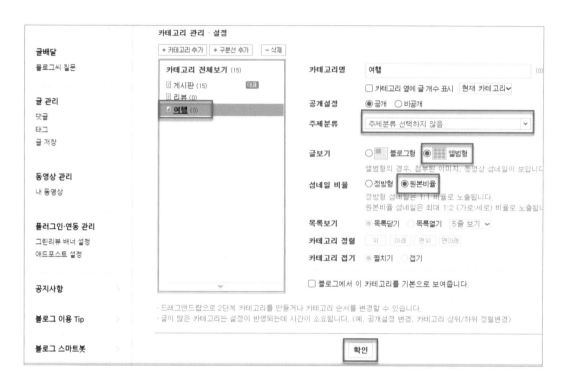

06 여행을 선택한 후 아래와 같이 **국내여행, 해외여행**을 서브 카테고리로 만들어 주세요. **여행을 클릭**하고 **국내여행**을 만들고, 다시 **여행을 클릭**한 후 **해외여행**을 만들어야 합니다. 여행 카테고리는 사진이 중심이 되기 때문에 **앨범형**으로 선택합니다.

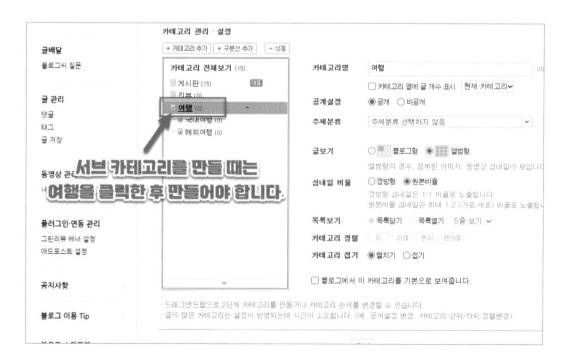

07 국내여행을 클릭한 후 **주제분류**를 국내여행으로 변경하고, 해외여행의 **주제분류**를 세계여행으로 변경한 후 **확인**을 합니다.

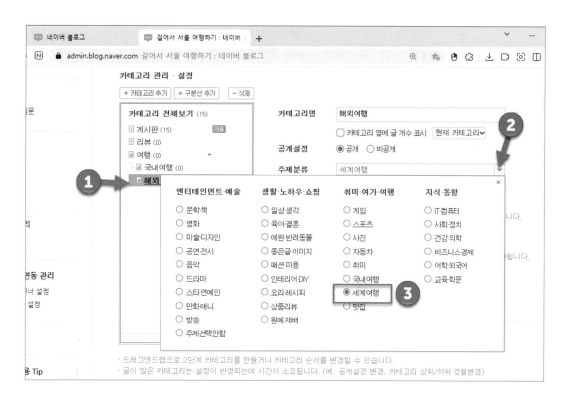

08 여행 카테고리에 서브 카테고리가 2개 밖에 없지만 만약 서브 카테고리가 많이 있다면 아래처럼 카테고리를 **접기**를 하는 것이 블로그를 운영할 때 편리합니다.

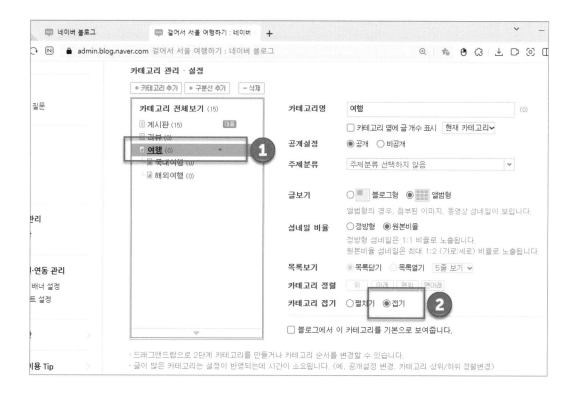

01 상단메뉴는 아래처럼 표시된 곳을 말하는데, 이곳을 본인의 원하는 항목으로 설정할 수 있습니다.

02 먼저 관리 화면으로 이동한 후 blog 관리 화면에서 화면 위에 있는 ❶메뉴·글·동영상관리를 선택한 후 왼쪽 메뉴 관리에서 ❷상단메뉴 설정을 클릭합니다.

03 메뉴사용 관리 그룹에서 블로그만 대표메뉴로 선택된 상태에서 **지도, 서재, 메모, 태그를 선택 해제**한 후 마우스를 아래로 드래그해주세요.

상단메뉴 설정

내 블로그 상단메뉴를 구성할 수 있으며, 최대 5개의 메뉴와 카테고리의 배치가 가능합니다.
프롤로그, 블로그, [선택한 카테고리], 지도, 서재, 메모, 태그 순으로 배치됩니다.

메뉴사용 관리

메뉴명	사용	대표메뉴	설명	관리
프롤로그	☐	○	원하는 글 목록으로 꾸밀 수 있는 대문입니다.	프롤로그 관리 ›
블로그	필수	●	기록하고 공유하는 기본메뉴입니다.	카테고리 관리 ›
지도	☐	○	위치정보가 첨부된 글을 지도 위에 보여줍니다.	
서재	☐	○	글감이 첨부된 글을 서재안에 보여줍니다.	
메모	☐	○	자료보관 및 함께 글쓰기 가능한 게시판입니다.	메모게시판 관리 ›
태그	☐	○	글을 쓰면서 작성한 태그만 모아 볼 수 있습니다.	태그 관리 ›

상단 메뉴 지정　· 블로그 카테고리를 상단 메뉴에 배치하여 방문자들이 더 쉽게 찾아볼 수 있도록 합니다.
　　　　　　　　· 블로그 카테고리는 합쳐서 최대 4개까지 선택할 수 있습니다.

블로그 카테고리　　　　　선택한 메뉴

카테고리 전체보기(15)
☐ 게시판

04 상단 메뉴 지정 그룹에서 카테고리 중 상단에 고정할 ❶**국내여행**을 선택한 후 ❷**선택**을 클릭합니다. 해외여행도 상단 메뉴로 지정할 것이므로 동일한 작업을 진행한 후 화면 아래에 있는 **확인**을 클릭합니다.

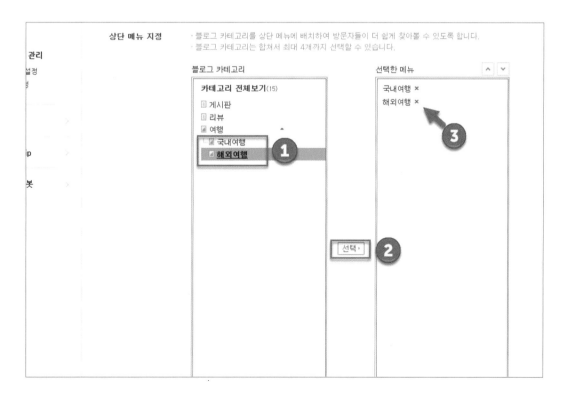

05 브라우저 상단에 있는 **내 블로그**를 클릭해서 상단메뉴가 어떻게 지정이 되었는지 확인합니다.

06 리뷰를 상단메뉴에 지정하되 국내여행과 해외여행보다 앞에 위치하도록 아래처럼 버튼을 클릭해서 선택한 **메뉴의 순서를 지정**해 줍니다.

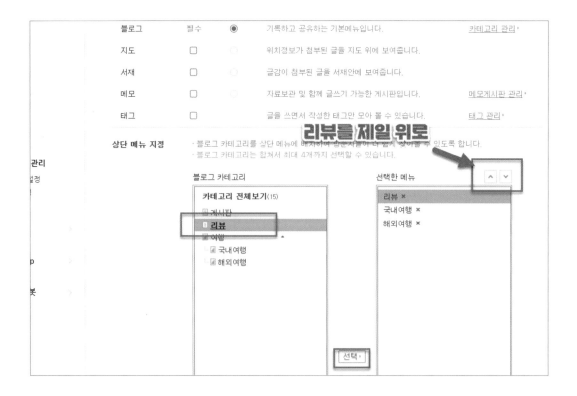

01 내 메뉴 - 관리를 차례로 클릭해서 blog 관리 화면으로 이동한 후 화면 상단의
메뉴·글·동영상관리를 선택한 후 프롤로그를 사용에 체크하고, 대표메뉴를
선택한 후 화면하단에 확인을 클릭합니다.

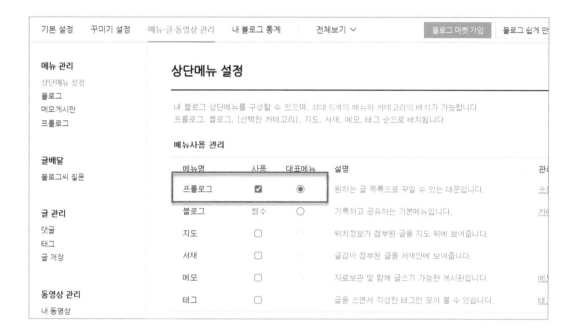

02 왼쪽 메뉴 관리에서 프롤로그를 선택하거나 오른쪽 관리에서 프롤로그 관리를
클릭합니다.

03 국내여행을 위주로 소개하는 블로그라는 전제하에 ❶이미지 강조를 선택한 후 ❷변경을 클릭합니다.

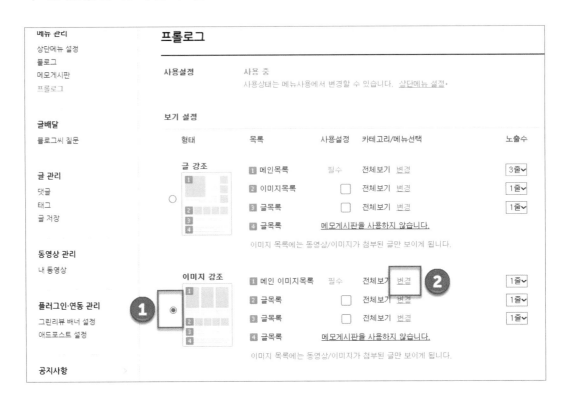

04 내 블로그가 열렸을 때 가장 먼저 보이도록 프롤로그에 보여질 블로그 메뉴 중 ❶국내여행을 선택하고 ❷확인을 클릭합니다. 옆에 ❸1줄을 3줄로 보여주도록 변경한 후 화면 아래의 **확인**을 클릭합니다.

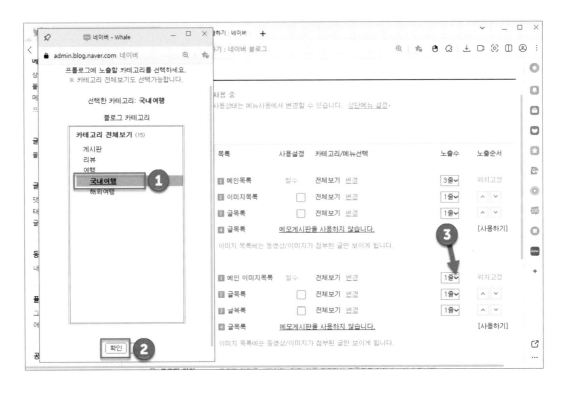

07-4 ··· 게시글 카테고리 이동하기

01 작업했던 블로그의 **게시판**을 선택해서 아래와 같이 **글관리 열기**를 클릭합니다.

02 이동할 ❶게시물을 선택한 후 ❷이동 버튼을 클릭하고 열린 대화상자에서 ❸국내여행으로 변경한 후 ❹확인을 누릅니다.

03 상단메뉴에서 **프롤로그**를 클릭하면 사진이 들어가 있는 게시물에 대표이미지가 표시되어 나오게 됩니다. 프롤로그는 이렇게 대표이미지를 이용해서 사전에 어떤 내용이 있는지 미리 보여주는 기능이므로 사용하는 것이 좋습니다.

혼자 해 보기

1 상단메뉴에서 프롤로그를 사용하지 않게 설정해 보세요.

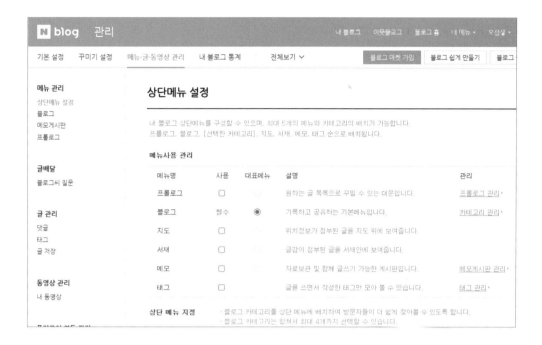

2 상단메뉴를 아래와 같이 해외여행, 국내여행, 리뷰, 게시판 순서대로 보이도록 설정해 보세요.

❸ 게시판에 포스팅한 **이순신의 바다**를 **리뷰** 카테고리로 **이동**시켜 보세요.

❹ 프롤로그를 **대표메뉴**로 설정한 후, 프롤로그의 보기 설정을 **글 강조**로 한 후 메인목록을 **리뷰**로 변경한 후 **내 블로그**에서 어떻게 변경되었는지 확인해 보세요.

세부디자인&레이아웃

네이버 블로그는 제공된 템플릿을 사용할 수 있지만 세부적으로 메인 타이틀과 그룹 상자 등 구성요소를 하나씩 디자인해서 활용할 수 있습니다. 또한 메뉴와 타이틀 등 구성 요소의 위치를 블로그의 내용과 디자인에 따라 변경해서 사용할 수도 있습니다.

 무엇을 배울까?

01. 내 사진으로 스킨배경 만들기
02. 타이틀 등록하기
03. 세부 디자인 작업하기
04. 레이아웃 변경으로 블로그 꾸미기

01 내 메뉴 - 세부 디자인 설정을 차례대로 클릭한 후 스킨배경의 디자인 그룹의 직접등록을 클릭합니다.

02 스킨배경은 상단 영역과 하단 영역으로 구성되며, 상단 영역은 이미지로, 하단 영역은 패턴으로 작업됩니다. 상단 영역의 파일 등록을 클릭한 후 DC48 사진을 선택합니다.

03 상단 영역에 코스모스 사진이 등록이 되었으며, 하단 영역에서 **파일 등록**을 클릭해서 **DC15** 사진을 선택해서 열기를 해줍니다.

04 하단 영역은 그림을 사용하는 것보다는 단순한 색상을 이용하는 것이 글자가 잘 보입니다. 하단 영역의 등록된 이미지의 **휴지통**을 눌러서 삭제합니다.

05 리모콘의 좌측 하단에 ❶적용을 클릭하면 세부 디자인 적용 대화상자가 나오는데 **내가 만든 스킨에 저장합니다**를 체크하면 필요할 때 마다 활용할 수 있습니다. ❷적용을 선택해서 마무리합니다.

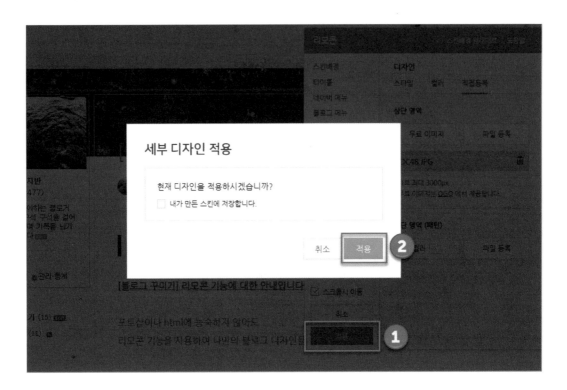

06 스킨의 상단 영역에 사용할 이미지의 크기가 작으면 아래의 결과처럼 타일 형태로 적용이 됩니다. 그러므로 상단 영역에 사용할 이미지는 모니터 해상도에 따라 다르지만 **1920픽셀 이상**을 사용하는 것이 좋습니다.

07 내 메뉴 - **세부디자인 설정**을 차례대로 다시 들어가서 디자인 그룹에서 **직접등록**을 클릭한 후 상단 영역의 **무료 이미지**를 클릭합니다. 가로 최대 3000픽셀까지 사용 가능합니다.

08 검색상자에 **코스모스**를 입력한 후 `Enter`를 눌러서 검색된 코스모스 사진에서 스킨으로 적당한 이미지를 선택한 후 리모콘의 좌측 하단의 **적용**을 눌러서 마무리합니다.

01 블로그 사진편집기를 이용하여 타이틀을 만들어 보도록 합니다. 글쓰기를 클릭해서 **사진 - 컴퓨터활용1 - 여행앨범**에서 **18번** 사진을 입력한 후 **편집**을 클릭합니다.

02 **자르기** 도구를 선택한 후 크롭을 위로 아래로 이동해 **300**픽셀로 조정한 후 화면 하단의 적용을 클릭해서 자르기를 완료합니다.

03 도구모음에서 **①텍스트**를 선택한 후 아트타이포에서 **②가끔 럭셔리 여행기**를 고른 후 **③글상자를 드래그**하여 이미지 위에 적당하게 배치합니다.

04 **타이틀을 입력하세요**를 더블클릭해서 **블로그 타이틀**을 입력한 후, 서브 텍스트도 더블클릭으로 **내용을 입력**합니다. 꼭 아트타이포를 이용하지 않아도 관계는 없습니다.

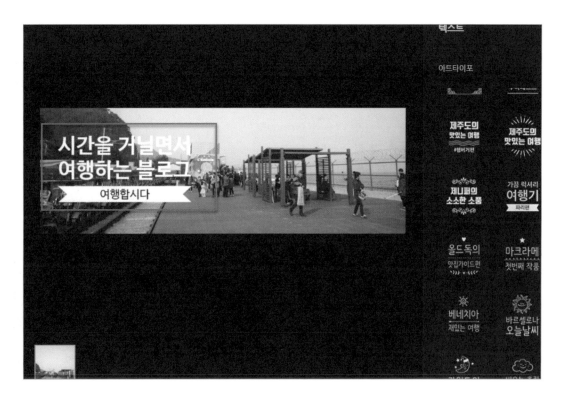

05 지금까지 작업한 타이틀을 저장하기 위해 사진 편집창을 아래로 드래그하고 ❶**다운로드** 버튼을 클릭해서 ❷**내 컴퓨터**를 선택합니다.

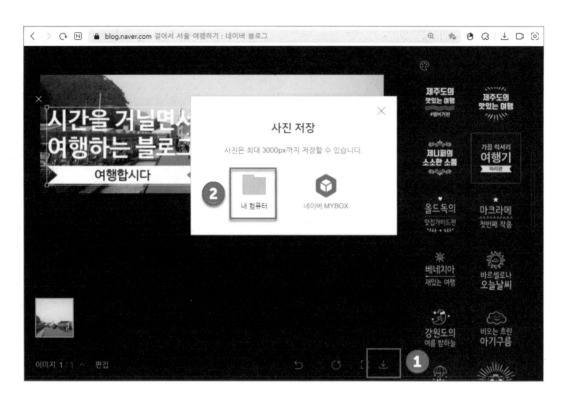

06 파일 다운로드 대화상자에서 **저장**을 클릭하면 다운로드 라이브러리에 저장이 됩니다.

07 사진 편집화면에서 오른쪽 상단의 **완료**를 클릭해서 편집을 마무리한 후 블로 그 제목을 **타이틀 연습**이라고 한 후 **발행**을 합니다.

08 내 메뉴 - 세부디자인 설정 - 타이틀을 차례대로 선택한 후, 블로그 제목의 **표시**를 체크 해제한 후, 영역높이를 300으로 확인하고 디자인 그룹에서 **직접등록**을 클릭합니다.

09 **파일 등록** 버튼을 클릭한 후 다운로드 라이브러리에서 타이틀을 만들어 저장했던 파일을 선택한 후 열기를 해줍니다.

10 마지막으로 세부디자인 설정의 리모콘 왼쪽 하단에 **적용**을 눌러서 타이틀 작업을 마무리한 후 결과를 확인해 보세요. 타이틀을 900으로 지정하면 조금 작아서 타일현상이 일어납니다. 타이틀의 가로 크기는 966픽셀이므로 960픽셀로 작업합니다.

··· **세부디자인 변경하기**

01 내 메뉴 - 세부디자인 설정 - 네이버 메뉴를 클릭하고 내 블로그 화면의 가장 상
단에 표시될 ❷색상을 선택합니다. ❸내용색을 클릭합니다.

02 ❶원하는 색상을 선택한 후 다시 원래의 화면으로 되돌아가려면 ❷내용색 버
튼을 다시 클릭하면 됩니다. 절대 취소를 누르면 안됩니다.

03 리모콘의 왼쪽에서 ❶블로그 메뉴를 클릭한 후 아래와 같이 ❷종류를 선택한 후 기본색은 검정색, ❸강조색은 빨간색으로 변경해 줍니다.

04 ❶전체박스를 선택한 후 오른쪽에서 스타일 중에 원하는 것을 선택하면 되는 데 ❷가 가리키는 것은 배경이 투명한 것이고 나머지는 블로그 전체를 배경그림으로 가리게 됩니다. 원하는 스타일을 선택한 후 적용을 해서 블로그가 어떻게 적용되었는지 확인해 보세요.

08-4 ··· 레이아웃 변경하기

01 내 메뉴 – 세부디자인 설정을 차례대로 클릭한 후 리모콘이 나오면 왼쪽에서 레이아웃 변경을 선택합니다.

02 레이아웃위젯 설정에서 두 번째 항목을 선택하면 메뉴가 오른쪽으로 이동하며 구성요소의 순서가 변경될 수 있다는 대화상자가 나오면 확인을 클릭합니다.

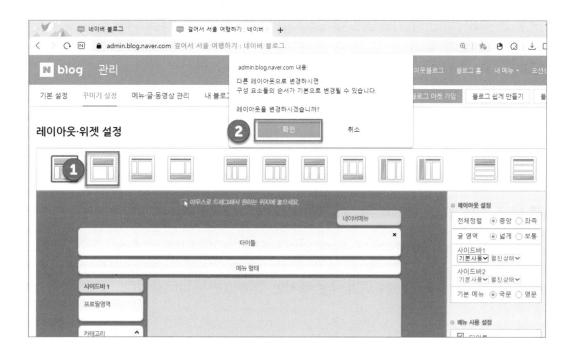

03 레이아웃 설정을 하나씩 살펴보도록 하겠습니다.

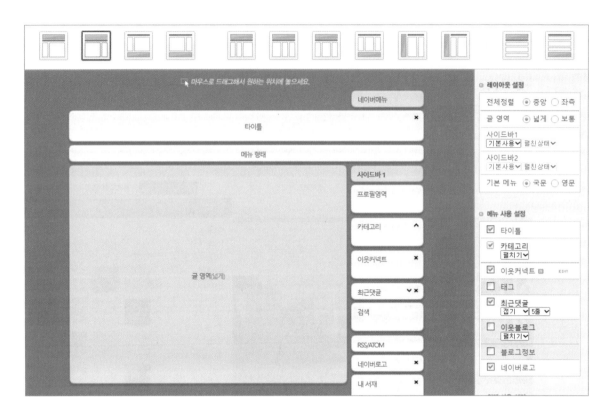

- **전체정렬** : 본문을 중앙이나 좌측에 배치시킵니다.

- **글 영역** : 본문을 입력할 수 있는 영역으로 넓게가 기본 설정입니다.

- **사이드바1** : 레이아웃에 사이드바가 1개와 2개가 있는데, 5, 6, 7, 8번 레이아웃이 사이드바 2개입니다. 처음부터 접어서 사용할 수 있습니다.

- **기본 메뉴** : 국문(한글)로 설정되어 있으며, 영문으로 변경 가능합니다.

- **타이틀** : 블로그의 타이틀을 보이거나 보이지 않도록 합니다.

- **카테고리** : 카테고리를 펼쳐 볼 것인지 접을 것인지 정합니다.

- **이웃커넥트** : 나를 이웃으로 추가하거나, 내가 이웃으로 추가한 블로거를 위젯으로 나타내줍니다.

- **태그** : 본문에 입력한 태그를 표현해서 검색하기 편리하도록 합니다.

- **최근댓글** : 내가 포스팅한 게시글에 달린 댓글을 보여줍니다.

- **이웃블로그** : 이웃한 블로그가 글을 게시한 것이 있는지 알려줍니다.

- **블로그정보** : 내 블로그 정보를 표시합니다.

- **네이버로고** : 네이버 로고를 표시하며, 마우스로 클릭하면 네이버 홈으로 이동합니다.

- **사업자정보** : 사업자등록이 있으면 판매자 정보를 알려주어 신뢰성을 가지도록 해줍니다.

- **콩저금통** : 블로그에 게시하게 되면 네이버에서 기부할 수 있는 해피빈을 줍니다.

- **달력** : 내 블로그에 이번 달의 달력이 보이고, 포스팅한 날짜가 링크로 표시됩니다.

- **지도** : 포스팅한 게시글에 지도상 위치를 입력한 곳이 있으면 링크로 연결해 줍니다.

- **서재** : 글감을 이용해서 책 정보를 포스팅하면 빠르게 찾을 수 있도록 보여줍니다.

- **카운터** : 블로그를 방문한 숫자를 표시해줍니다.

- **시계** : 현재 시간을 표시해 줍니다.

- **날씨** : 현재 위치의 날씨를 알려줍니다.

- **환율** : 현재 원화 환율을 보여줍니다.

- **명언** : 블로그에 하루에 한 가지씩 명언을 보여줍니다.

- **방문자그래프** : 하루 방문자수를 그래프로 표시해줍니다.

- **CCL** : 저작권 정보를 표시합니다.

1 스킨 배경을 무료 이미지의 **직접등록**에서 **rose**를 적용해 보세요.

2 타이틀을 세부디자인 설정에서 기본 제공하는 스타일에서 아래처럼 변경해 보세요.

Chapter
09

모바일 블로그

네이버 블로그는 스마트폰에서도 포스팅을 할 수 있으며, 사진과 동영상을 촬영하여 곧바로 올릴 수 있는 장점이 있습니다. 하지만 블로그 설정작업을 할 경우는 PC에서 작업하는 것이 효율적이고, 상세하게 포스팅을 하려면 먼저 스마트폰에서 빠르게 포스팅한 후 PC에서 수정작업을 하는 것도 좋은 방법이 됩니다.

 무엇을 배울까?

01. 웨일 브라우저에서 모바일 버전으로 블로그 보기

02. 스마트폰으로 홈 편집하기

03. 외부채널 연결과 블로그 공유하기

01 웨일 브라우저를 실행한 후 네이버에 로그인을 하고 브라우저의 오른쪽 상단의 **❶**...**(옵션)**를 클릭해서 **❷모바일창**을 클릭합니다.

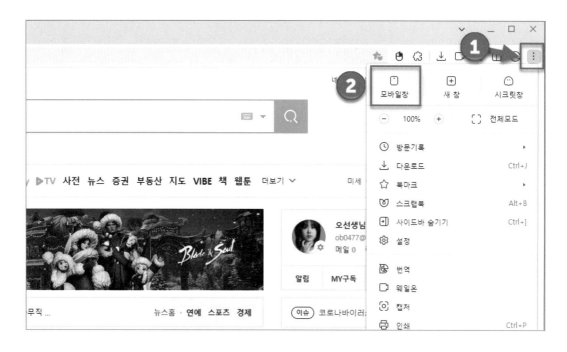

02 모바일 창이 열리면 **블로그** 아이콘을 선택하고, 상단에서 **내 블로그**를 클릭합니다.

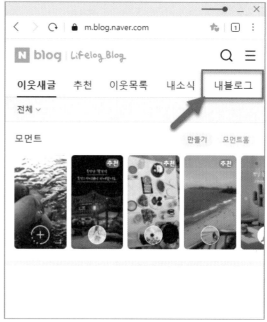

03 블로그에 글쓰기 위해 오른쪽 상단의 **메뉴**를 클릭한 후 **글쓰기**를 클릭합니다.

 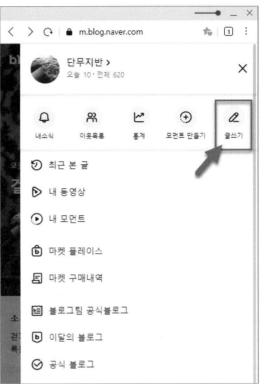

04 제목과 본문 내용을 입력한 후 **이전** 도구를 클릭한 후 **사진**을 클릭합니다.

05 모바일 블로그라고 하더라도 웨일 브라우저가 PC에서 동작하므로 **사진 - 컴퓨터활용1 - PPT 폴더**에서 **남산사진 2장**을 선택한 후 **열기**를 클릭합니다.

06 오른쪽 상단의 **등록**을 클릭하면 포스팅이 끝나게 되는데, 곧바로 수정할 때는 **...(더보기)**를 클릭해서 수정하기를 클릭하면 됩니다.

07 편집화면에서 화면을 아래로 이동한 후, 카테고리에서 게시판을 클릭하여 **국 내여행**을 변경하고 **제목을 변경**한 후 **등록**을 클릭합니다.

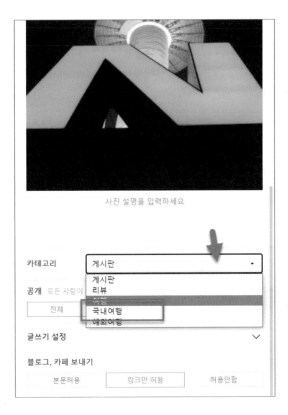

08 모바일 블로그의 첫 화면으로 이동하려면 상단의 **블로그 타이틀**을 클릭합니다. 게시물 목록을 보기 위해 **카테고리** 버튼을 눌러 보세요.

01 Play스토어를 실행한 후 **네이버 블로그**를 검색해서 설치한 후 **열기**를 해서 실행합니다.

02 블로그 첫 화면이 나오면 오른쪽 아래에 **사람모양** 버튼을 터치해서 **내 블로그**로 이동한 후 **홈편집**을 터치합니다.

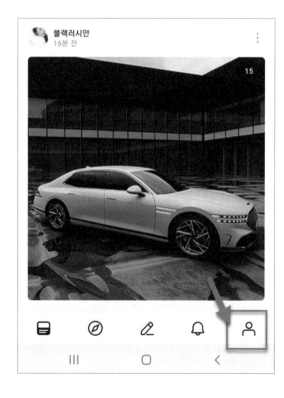 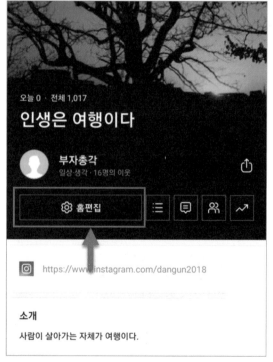

03 커버이미지를 변경하기 위해 화면 위 **이미지 변경**을 눌러서 **촬영 또는 앨범에서 선택**합니다.

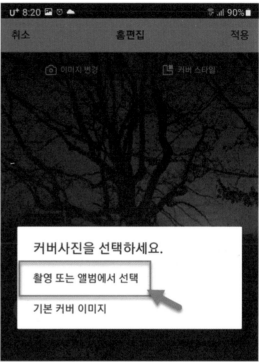

04 네이버 블로그에서 스마트폰 저장된 곳에 접근을 허용하겠느냐고 물어보면 **허용**을 터치해야 합니다. 원하는 모바일 블로그의 **❶커버이미지**를 선택한 후 **❷다음**을 누릅니다.

05 오른쪽 상단의 **완료**를 눌러서 이미지 변경을 끝내준 후 상단의 **커버 스타일**을
터치합니다.

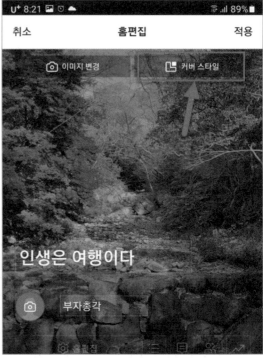

06 기본적으로 커버1이 선택되어 있는데 원하는 스타일을 눌러보면 블로그 제목
위치 등이 변경되거나 커버 이미지 크기 등이 변경된 것을 확인할 수 있습니
다. **적용**을 눌러서 홈편집을 마무리 합니다.

01 홈 편집을 다시 눌러서 화면을 위로 올려보면 외부채널을 연결할 수 있도록 나오는데 **유튜브**를 선택합니다.

02 본인의 **유튜브 주소**를 복사/붙여넣기를 하고, **소개글**을 입력합니다.

03 홈 편집이 끝난 후 내 블로그를 다른 곳으로 공유를 하려고 한다면 왼쪽 그림처럼 **공유(내보내기)**를 터치한 후 **카카오톡**을 선택하여 친구에게 보낼 수 있습니다.

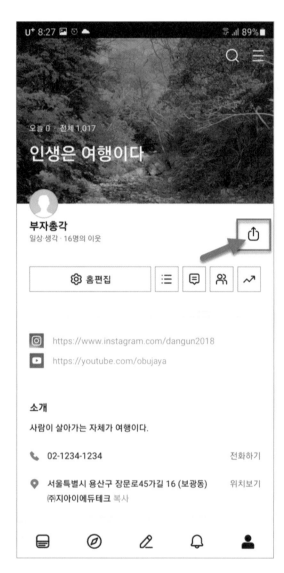
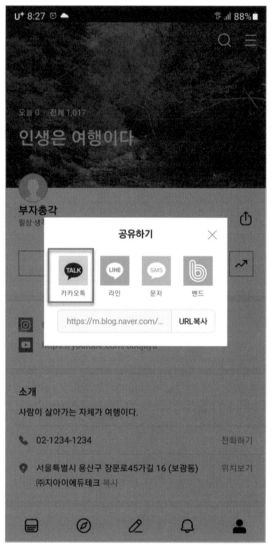

① 갤러리에서 촬영한 사진을 공유기능으로 네이버 블로그에 포스팅한 후
확인까지 해보세요.

Chapter

10

블로그 모먼트

네이버 블로그에서는 모바일에서 사용할 수 있는 '블로그 모먼트' 기능을 제공하고 있는데, 인스타그램의 릴스(reels), 유튜브의 쇼츠(shorts)와 같은 짧은 시간의 동영상에디터 서비스와 비슷한 역할입니다. 짧은 영상으로 전달하고 싶은 내용을 재미있게 촬영해서 블로그에 올려봅시다.

 무엇을 배울까?

01. 스마트폰으로 모먼트 만들기

02. 촬영된 영상으로 모먼트 만들기

01 스마트폰 네이버 블로그를 실행한 후 상단에 보이는 **모먼트홈**을 터치한 후 인기있는 모먼트를 선택해 봅니다.

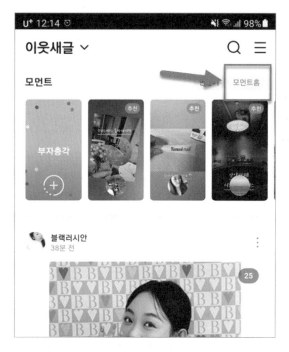

02 감상을 마친 후 오른쪽 상단 **X(닫기)**를 눌러서 모먼트홈으로 이동해서 다른 모먼트들도 살펴 봅니다.

01 블로그 홈에서 모먼트의 **만들기**를 눌러서 앱 사용을 허용합니다.

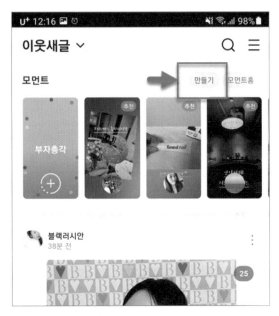 

02 모먼트 만들기는 사진촬영이 먼저 나오며 각 기능은 아래와 같습니다. 셔터를 눌러서 촬영을 하면 꾸미기 화면이 나옵니다.

❶ 촬영 셔터

❷ 특수효과필터

❸ 모먼트 사진보기

❹ 사진촬영과 동영상 선택

❺ 전면/후면 전환

❻ 수식/수평 안내선

❼ 플래시 켜고 끄기

03 셔터를 눌러서 촬영을 한 후 **T(텍스트) 추가**를 눌러서 ❶**내용을 입력**한 후 ❷ **스타일**을 고른 후 ❸**확인**을 눌러 완료합니다.

04 상단의 **페인트통**을 눌러서 글자색을 변경할 수 있습니다. 원하는 글자색을 선택한 후 오른쪽 상단의 **확인**을 눌러 텍스트 작업을 마무리 합니다.

05 입력한 글자는 드래그를 해서 이동할 수 있습니다. 오른쪽 상단에 있는 **스티커**
를 터치합니다.

06 다양한 스티커를 붙일 수 있는데 여기서는 **장소**를 눌러서 현재 위치의 근처 장
소가 나오므로 적당한 것을 선택합니다. 내 블로그를 누르면 블로그 주소가 입
력됩니다.

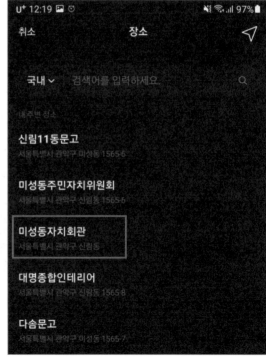

07 오른쪽 도구에서 **필터** 버튼을 터치해서 스타일, 필터, 보정 작업을 할 수 있습니다. 한 번씩 눌러서 어떤 기능이 있는지 확인해 보세요.

08 오른쪽 도구에서 **특수효과**를 눌러서 사진에 어울리는 것을 사용해 보세요. 여기서는 **액티브**를 선택한 후 **확인**을 합니다.

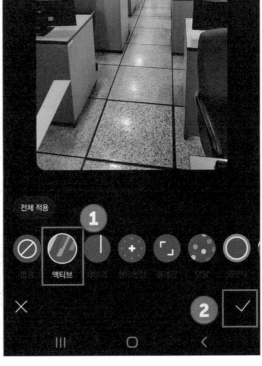

09 오른쪽 하단의 **다음**을 눌러서 본문 내용을 입력한 후 전체공개를 선택한 후 **등록**을 누릅니다.

 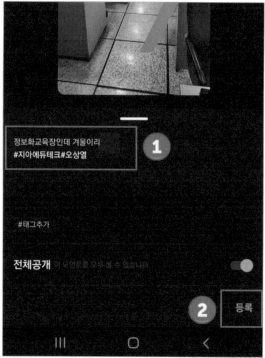

10 첫 모먼트가 완성되었다는 메시기가 나오며, 다음부터는 이런 메시지는 나오지 않습니다. **확인**을 눌러서 내 모먼트에 올려진 목록을 볼 수 있습니다.

01 모먼트 홈에서 오른쪽 상단의 **메뉴 - 모먼트 만들기**를 차례대로 누릅니다.

02 카메라에서 ❶**동영상**으로 이동한 후 ❷**특수효과**로 촬영합니다. 촬영을 마치고 전체공개로 등록합니다.

03 동영상 모먼트가 등록이 되었습니다. 뒤로를 눌러서 내 블로그 홈으로 가면 모먼트에 등록된 것이 보입니다.

04 PC의 내 블로그에서 모먼트를 활용하려면, 글쓰기의 상단에서 **내 모먼트**를 선택합니다. 스마트폰으로 올려두었던 모먼트를 포스팅에 활용할 수 있습니다.

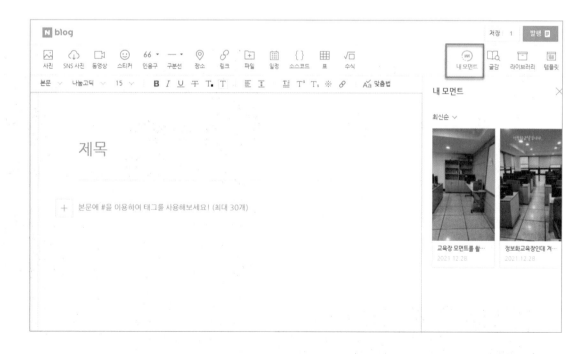

① 동영상 모먼트를 특수효과를 적용해서 만들어 보세요.

② 내 모먼트에 가서 모먼트를 한 개 삭제해 보세요.

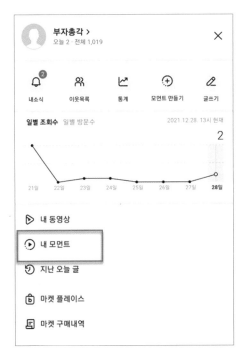